Le vie
delle foto

INDICE DEGLI ARTISTI

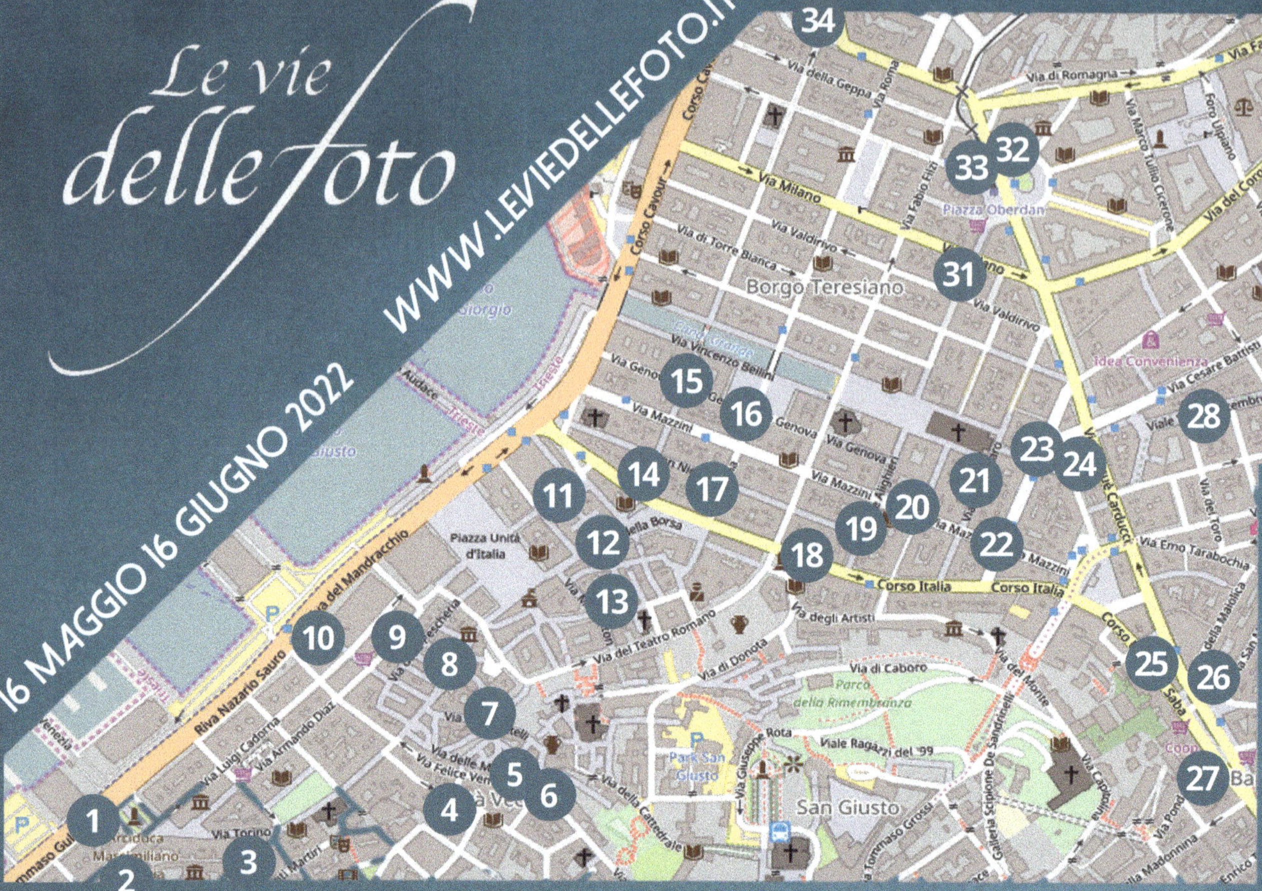

OGNI
SABATO
POMERIGG
ORE 16.00
TOUR GUIDA
DELLE MOST
CON GUID
TURISTICA
SPECIALIZZA
PRENOTAZION
INFO@LEVIEDELLEFC

MOSTRA FOTOGRAFICA COLLETTIVA INTERNAZIONAL
NEI MIGLIORI LOCALI DI TRIESTE - DECIMA EDIZIONE

1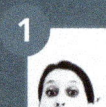
SIMONETTA ROSSETTI
NOTE FLOREALI
JOIA
RIVA TOMMASO GULLI, 4A

8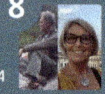
CRISTIANA & MAX RANCHI
ABOVE & UNDER
ADORO CAFÉ CAVANA
VIA DI CAVANA, 8

15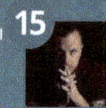
MASSIMO VAZZOLER
PORTOGALLO ON THE ROAD
BAR BUFFET BORSA
VIA CASSA DI RISPARMIO, 4

22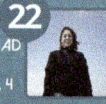
CLAUDIA COSTANTINO
UN COLPO DI CANNONE E...
BAR SAMOVAR
VIA IMBRIANI, 4

29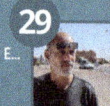
RICHARD SILVER
SLICED WORLD
BAR COSTA
VIALE XX SETTEMBRE

2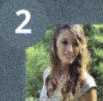
SARA TESTA
DALL'OCCHIO ALLA FANTASIA
BAR VECCHIA UNIVERSITÀ
LARGO PAPA GIOVANNI XXIII, 4B

9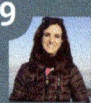
ALESSANDRA POLLINA
IN VOLO SUL DELTA DEL PO
BIANCOSPINO RISTORANTE
VIA ARMANDO DIAZ, 1

16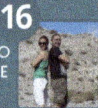
ALAN&ROBY PHOTOTRAVEL
LA MAGIA DI YELLOWSTONE
CAFÉ JAMES JOYCE
VIA ROMA, 14

23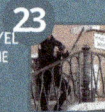
LUANA VALENTICH
IL MIO CARSO
CORTE CAFFÈ
PIAZZA SAN GIOVANNI, 5

30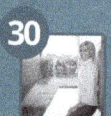
GRETA BELLUCCI
AZIENDE VENETE
AQVEDOTTO
VIALE XX SETTEMBR

3
LABORATORIO
FOTOGRAFICO CREATIVO
MAL DEL LUPO
PIAZZA VENEZIA, 4

10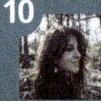
LAURA CIRMI
CAMERE SICILIANE
SAPORI
VIA ALBERTO BOCCARDI, 1

17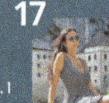
VALENTINA IRRERA
TOUR TRA I CASTELLI SLOVENI
CADENARO 1
VIA ROMA, 8

24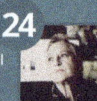
FIORELLA MACOR
FLORA
PUBLIC HOUSE CENTRAL
PIAZZA SAN GIOVANNI, 3C

31
ANGELO MENNELLA
VENEZIA CARNALE
SBECOLEZ
VIA TRENTA OTTOBI

4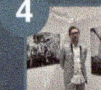
LUCA CAMELI
TRIESTE MON AMOUR
ANTICA TRATTORIA LE BARETTINE
VIA DEL BASTIONE, 3

11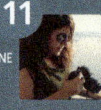
MARTINA TROMBETTA
IL PORTO FANTASMA
PICCOLO TERGESTEO
GALLERIA TERGESTEO

18
KAREVA MARAGAITA
MAGIC WORLDS
BAR GALLERIA
GALLERIA ROSSONI

25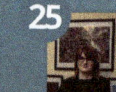
ELIANA INTRUGLIO
DONNA VAGABONDA IN VIAGGIO
LA MIA FOTOGRAFIA CHE RACCONTA IL MONDO
CAFFÈ UMBERTO SABA
CORSO UMBERTO SABA, 30

32
GSM - PHOTOGRAPH
SENZA TEMA
HARRY'S BAR TRIESTI
VIA GIOSUE CARDUC

5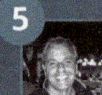
DINO POLIDORI
FORME NUDE, GEOMETRIE DELL'ARCHITETTURA
CONTEMPORANEA
BAR ARC'OR
PIAZZA DEL BARBACAN, 5

12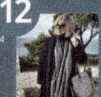
NEVIA GREGOROVICH
IL GIARDINO DELLE DELIZIE
TERGESTEO CITY
GALLERIA TERGESTEO

19
BETTINA TODISCO
EMIRATES
EPPINGER CAFFÈ
VIA DANTE 2/A

26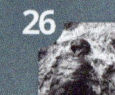
WORLD WATER DAY 2019
CAFFÈ IMPERO
L.GO DELLA BARRIERA, VC

33
ASSOCIAZIONE INQUADRI
ACQUA
BIRRERIA FORST
VIA GIORGIO GALATT

6
STEFANO CENTIS
IMMAGINE E BELLEZZA:
UN PORTALE PER LA TRASCENDENZA
ZUF
PIAZZA DEL BARBACAN, 2A

13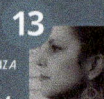
ERIKA MUSMECI
ALEXANDERPLATZ
CHIMERINA
VIA DEL PANE, 1

20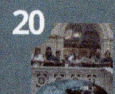
LE RAGAZZE DI GIANNI
L'ARTE IN TAVOLA
DOUBLETREE BY HILTON TRIESTE
PIAZZA DELLA REPUBBLICA, 1

27
SARA CORSINI
LOCKED IN - ASTRAZIONI DOMESTICHE IN
TEMPI DI RECLUSIONE, ANTI-CONTAGIO
BOUNTY PUB
VIA PONDARES, 6

34
BARBARA GRAZIA SA
IL CARNEVALE TRADIZIONAL
IN SARDEGNA
CAFFÈ ALLA STAZION
PIAZZA DELLA LIBERT

7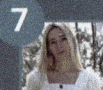
ALENA DEMCHYK
IL FOOD
AL PETES
VIA DEI CAPITELLI, 5A

14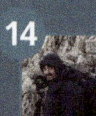
MARIO COPPOLA
ALI BLU
AMO
VIA CASSA DI RISPARMIO, 11B

21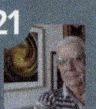
GERARDO OLIVERIO
IO + LVDF = 9/10
LAB - LUNCH APERITIF BAR
VIA S. LAZZARO, 7

28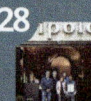
GRUPPO STREET AUSER 2019
STREET
PIPOLO - CITY
VIALE XX SETTEMBRE, 11/A

OGNI SABATO POMERIGGIC
ORE 16.00 TOUR GUIDATO
DELLE MOSTRE CON GUIDA TURIS
SPECIALIZZATA
PRENOTAZIONI:
INFO@LEVIEDELLEFOTO.IT

ALAN & ROBY 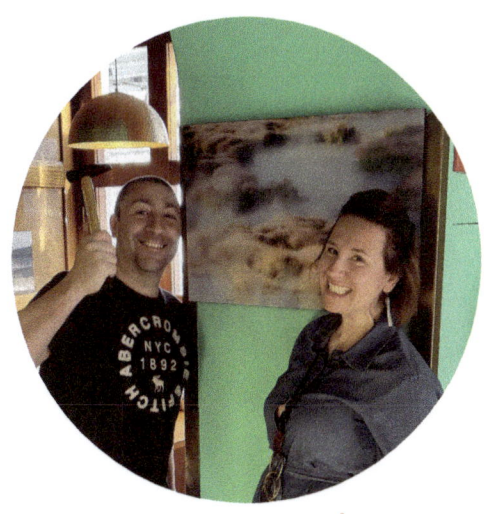 PHOTOTRAVEL

Due persone, due storie diverse unite, oltre che dal matrimonio, da due grandi passioni: viaggiare e fotografare. La storia di Roberta è quella che accomuna molti fotografi amatoriali: comincia quando, ancora adolescente, prende per la prima volta in mano la reflex analogica del padre.

Per Alan invece il colpo di fulmine nasce nel 2009, quando conosce Roberta e insieme cominciano a viaggiare: il desiderio di immortalare questi spettacoli della natura fa scattare in Alan questo amore improvviso per la fotografia. Ogni viaggio fatto e ogni esperienza vissuta alimenta in entrambi il desiderio di continuare a farlo, perchè fotografare è emozionare ed emozionarsi!

Alan & Roby portano il tema **Yellowstone**

Tutto quello che riguarda Yellostone è magico...dai colori surreali che dipingono il terreno ai fumi che fuoriescono dalle spaccature, dagli orsi che incontri andando a mangiare una pizza ai bisonti che camminano per strada causando un'interminabile fila di auto, dai lupi che attraversano a nuoto il fiume ai coyote ululanti in mezzo alla prateria... **www.alanrobyphototravel.com**

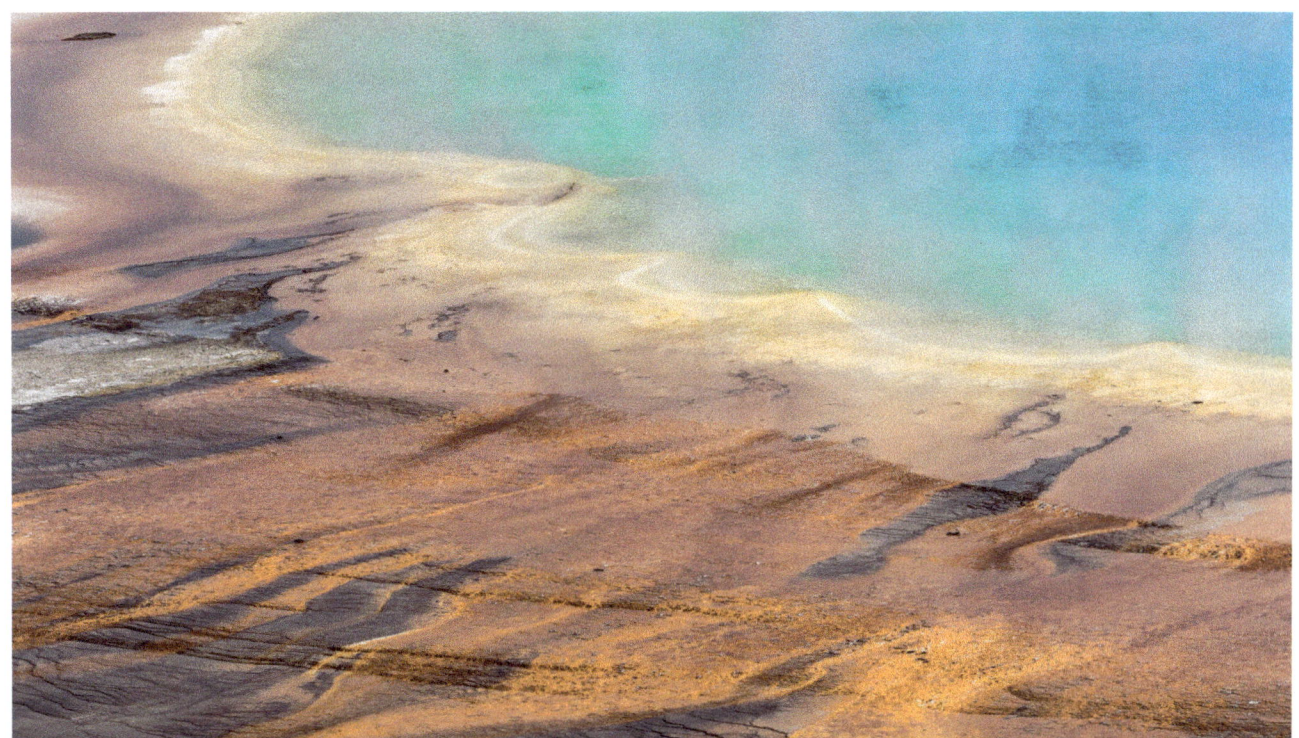

GRETA 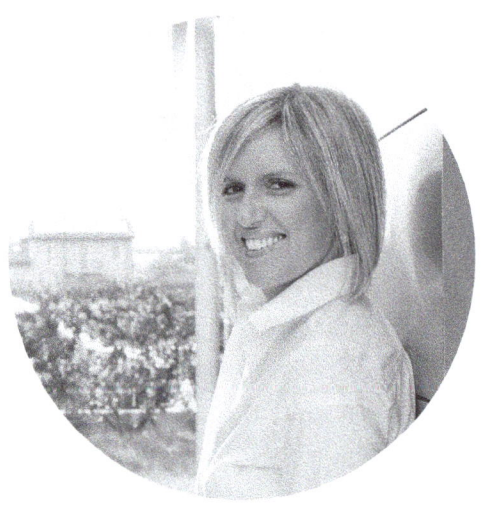 BELLUCCI

Sono Greta Bellucci fotografa industriale di Vicenza.

Da diversi anni collaboro con aziende italiane per costruire progetti grafici e fotografici rivolti alle aziende che necessitano di restyling comunicativo. Il valore aggiunto consiste nella capacità di cogliere quei dettagli che fanno la differenza: la ricerca di un'originalità mai fine a se stessa, l'ascolto e la comprensione del cliente per aiutarlo a definire il suo personalissimo stile.

Greta Bellucci porta il tema **Aziende Venete.**

Ho voluto esporre alcuni dei miei scatti industriali rispetto ai quali potrete cogliere profilo e dna di aziende italiane che spaziano dal food, alla verniciatura sino al famoso Mandorlato di Cologna veneta.

Fotografare non è catturare soltanto ciò che l'occhio vede bensì rappresentare ciò che l'animo esprime: fotografare è raccontare una storia, è Story Telling.

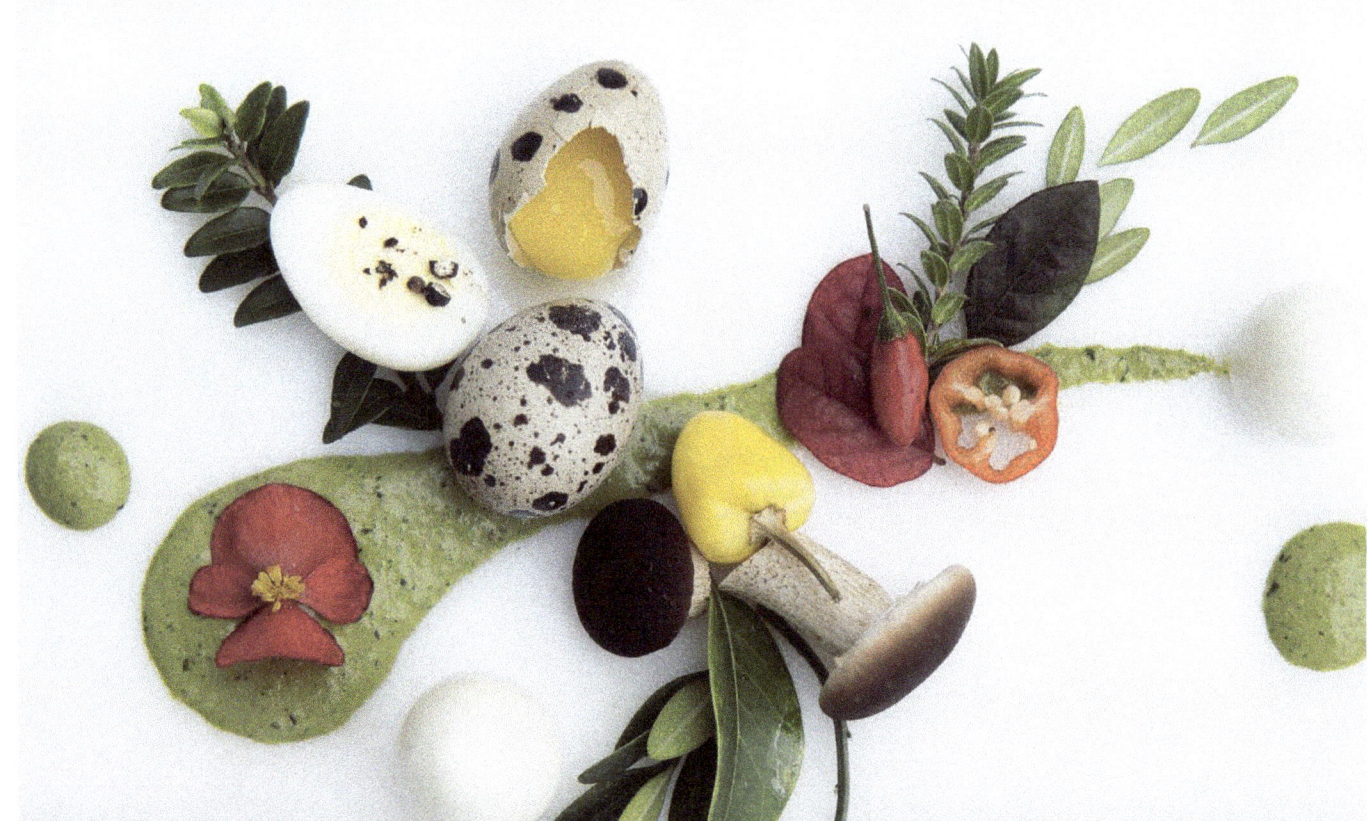

LUCA 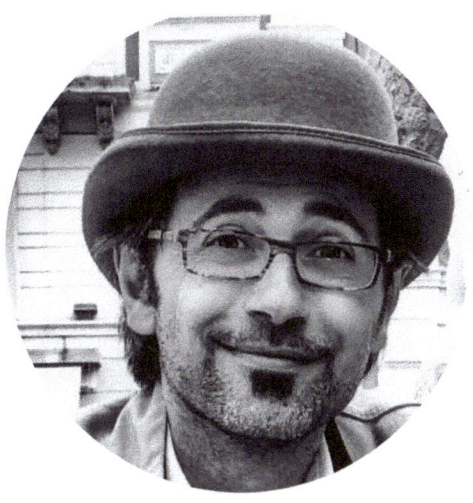 CAMELI

Luca Cameli è un grandissimo appassionato di fotografia, fotografo professionista e docende di fotografia. Professionista pluriplemiato si diletta ad esporre le sue opere tra Venezia, Milano, Trieste e partecipa ormai con ruolo "titolare" alla mostra fotografica de Le vie delle Foto..

Il suo motto è:
« Una foto è come un diamante... È per sempre! »

Luca Cameli espone quest'anno con la raccolta degli scatti dei suoi viaggi a Trieste con il tema "Trieste mon Amour". Gli scatti esposti raffigurano a pieno il legame tra il fotografo e Trieste, nato tra i vicoli, gli scorci e i panorami mozzafiato che la città regala continuamente Luca ama la nostra città, e la città ricambia il suo caldo affetto.
Istanti racchiusi in un click che però raffigurano sentimenti, emozioni, brividi e hanno grandi e bellissime storie da raccontare.

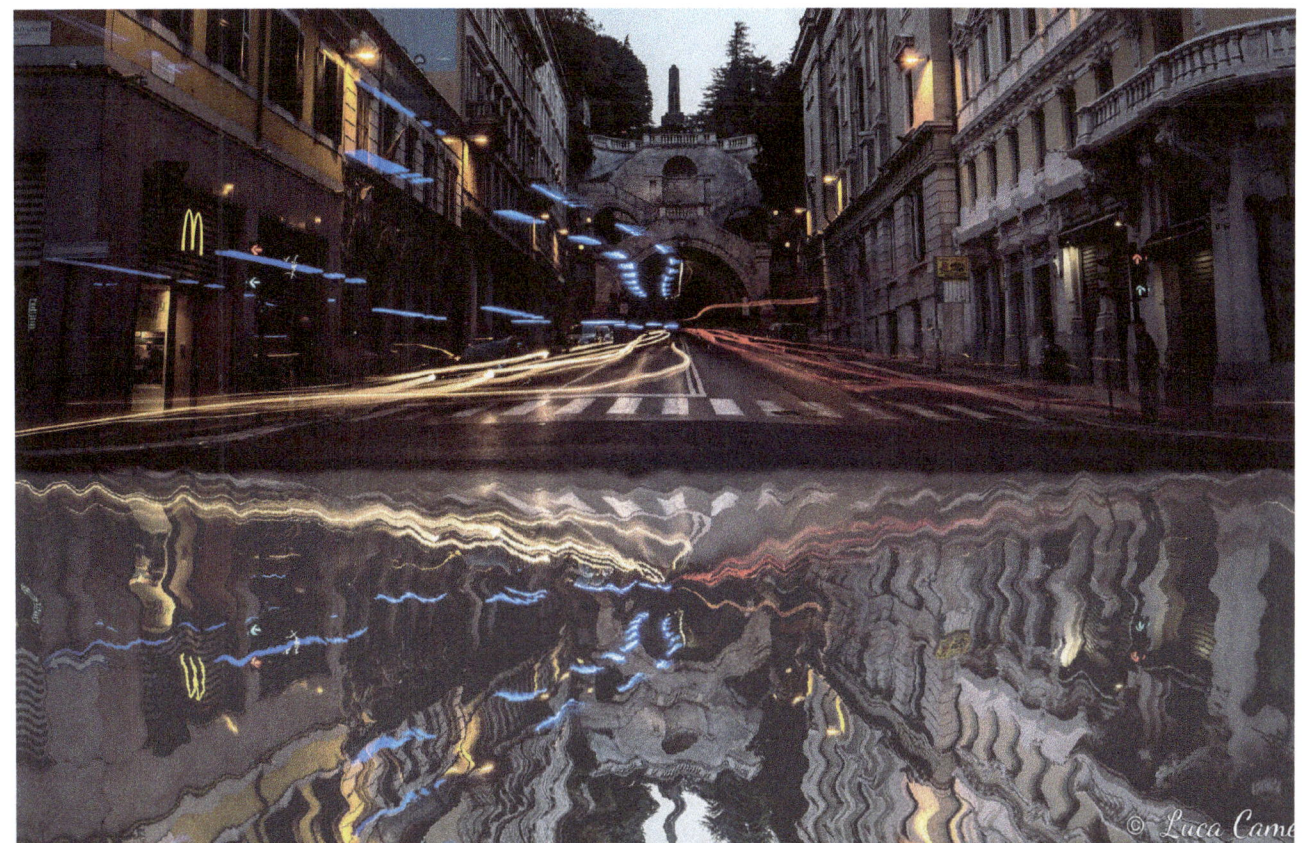

STEFANO 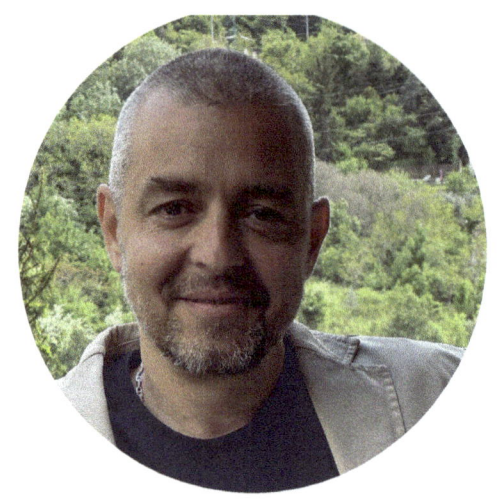 CENTIS

Potrei definirmi un appassionato di fotografia, post produzione e mi piace giocare con Photoshop...ma fondamentalmente sono innamorato dalla bellezza che so essere presente in ogni dove, provo soddisfazione nel l'individuarla e fotografarla è una logica conseguenza.

Amo anche esplorare le vie interiori attraverso la meditazione e l'auto indagine, sempre alla ricerca di nuove intuizioni e verità celate al di la dei nostri sensi...ed è proprio nella bellezza e il conseguente stupore che spesso trovo la chiave d'accesso al trascendente.

Non eccello come fotografo e men che meno come scrittore ma spero che i miei lavori possano trasmettere in qualche modo l'estasi che provo nel fotografare, elaborare le foto e descrivere le intuizioni ed emozioni che ne derivano.

Stefano porta il tema **Immagini e bellezza: un portale per la trascendenza**

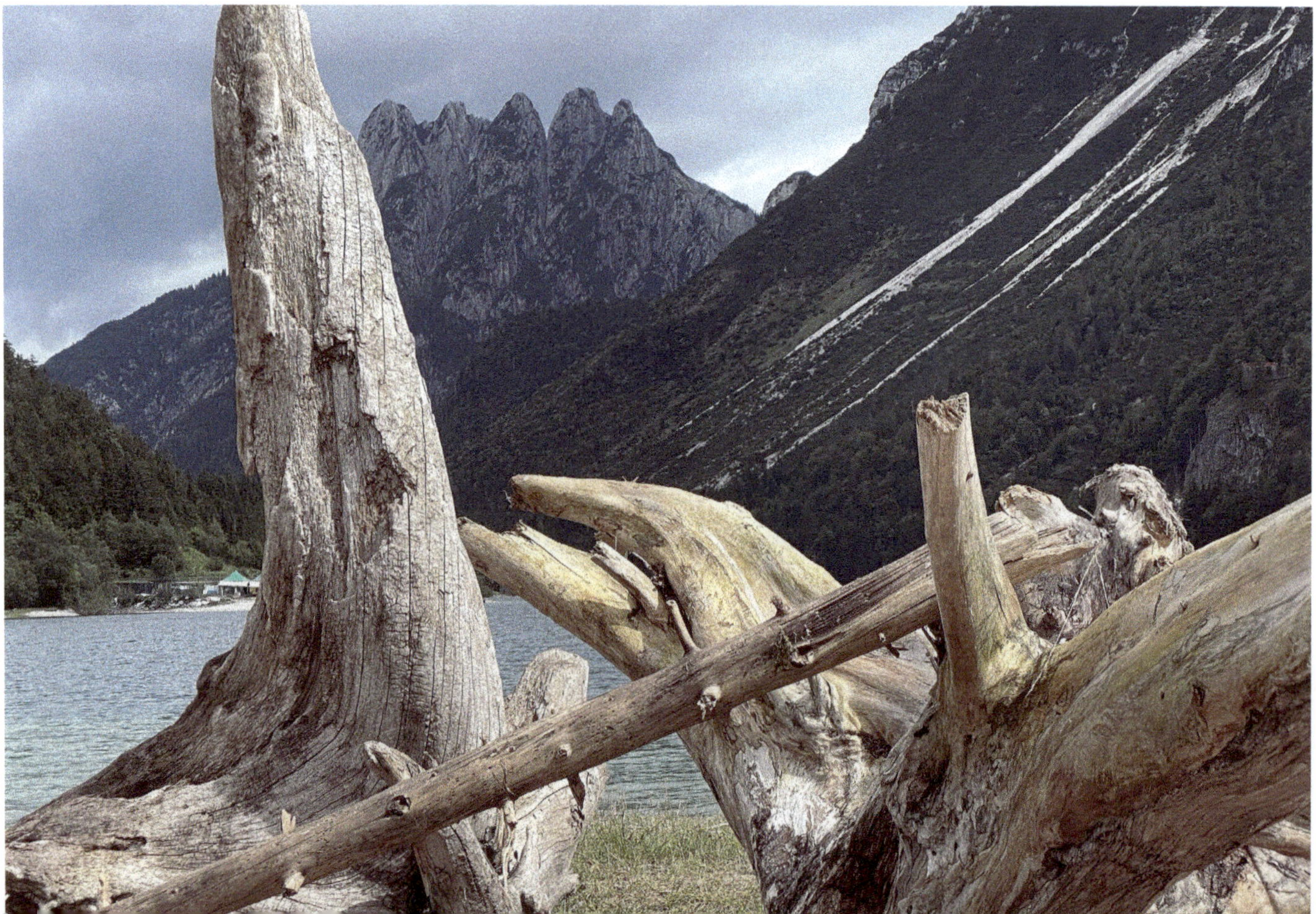

LAURA 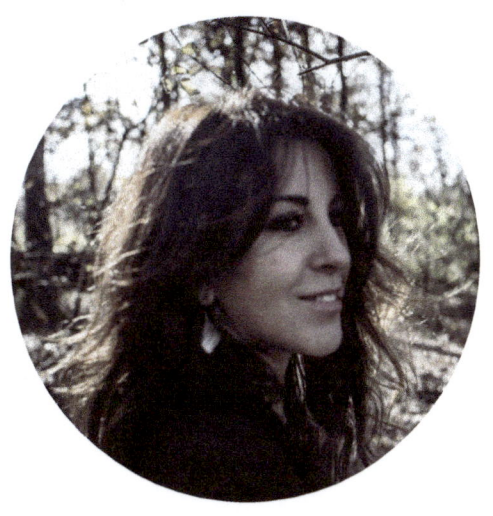 CIRMI

Sono nata nel 1977, vivo e lavoro a Roma. Laureata in Scienze Politiche, lavoro attualmente nella Pubblica Amministrazione. Nella vita quotidiana cerco fonti di ispirazione che possano farmi calare nel bello, quali l'amore per la natura, la cura degli affetti, la musica, i libri e la fotografia.

Persone, paesaggi, strade, luci, sguardi, pensieri attraggono la mia attenzione a volte senza un perché. Cerco ispirazione nella semplicità delle cose, forse perché in quella semplicità ritrovo qualcosa di me.

Laura Cirmi porta il tema **Camere Siciliane.**

Ogni angolo, ogni strada, ogni persona incontrata in Sicilia, ogni pietra è un racconto e i racconti sono come "camere" che si schiudono all'occhio di chi guarda; e quelle "camere" sono spiragli di vita che invitano a fermarsi, a guardarsi dentro, per scoprire o anche solo per percepire le loro storie, vite, emozioni.

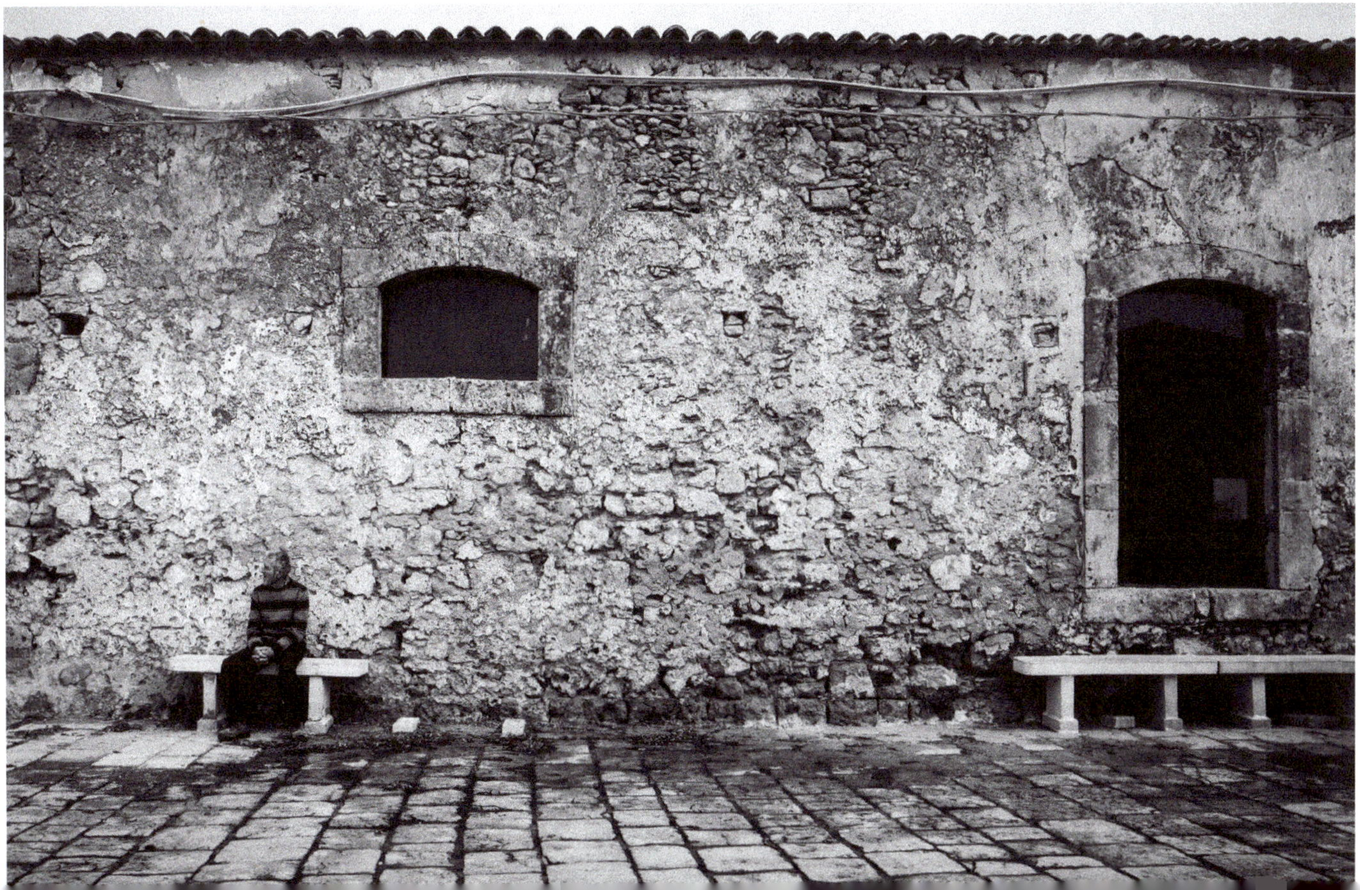

MARIO 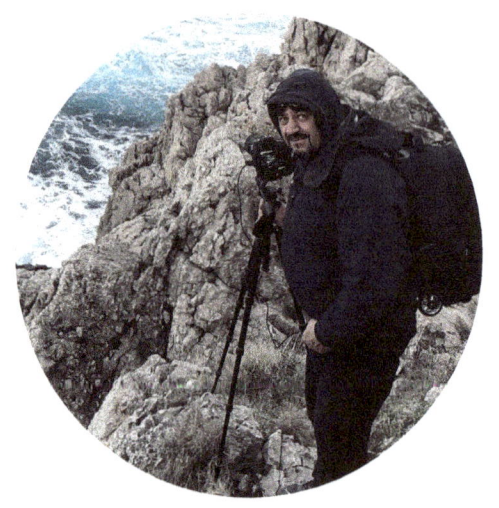 COPPOLA

Sono nato e vivo sull'isola di Capri, ho 55 anni e ho iniziato a fare i primi scatti intorno al 1985, con una macchina fotografica analogica, naturalmente. La mia passione si sviluppa tra i rullini e le camere oscure; molto presto, però, mi ritrovo a doverla accantonare per motivi di lavoro.

Nel 2012 mi sono riavvicinato alla fotografia, confrontandomi con le nuove tecnologie digitali; mi sono quindi dedicato a riprendere i tanti paesaggi che offre la mia bellissima isola, cominciando anche a stampare ed esporre i miei scatti.

Mario Coppola porta il tema **Ali blu.**

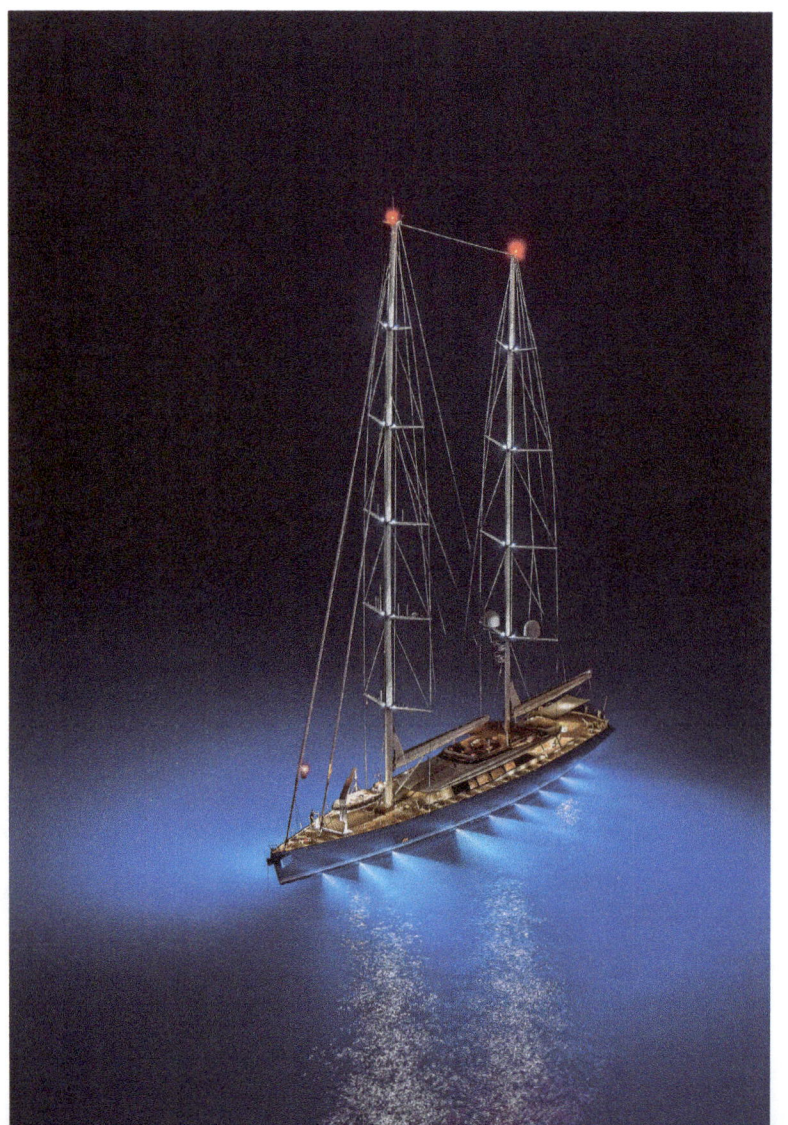

Qualche anno fà ho approcciato una tecnica di scatti in notturna che mi ha veramente colpito appassionato.

Da questa tecnica si è sviluppato, poi, il mio progetto che prevede fotografare le mille barche a vela che ormeggiano di notte intorno l'isola di Capri.

I loro fari immersi, accesi, danno la surreale impressione di creare della "ali" di luce blu.

Queste luci affascinano e catturano tutte le persone che le guardano.

Un gioco di luci che incanta e che sembra voglia innalzare le barche, fino quasi a volerle far volare.

SARA 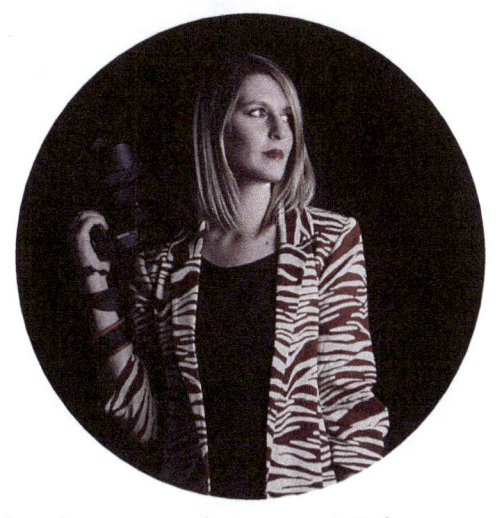 CORSINI

Sara Corsini nasce a Spilimbergo nel 1988. Nel 2010 si diploma in Fotografia presso l'Istituto Europeo di Design e intraprende la carriera di fotografa commerciale, dedicandosi soprattutto alla fotografia pubblicitaria, e parallelamente porta avanti la sua ricerca artistica, con opere di staged photography dove indaga i meccanismi dell'essere umano e della società odierna.

Sara Corsini porta il tema
Locked in - astrazioni domestiche in tempi di reclusione anti-contagio

Cosa fare quando un'emergenza senza precedenti ti coglie di sorpresa modificando i piani, fotografici e di tutto? In queste giornate di reclusione, fra smart-working e la voglia di accelerare il tempo, vede la luce il mio progetto fotografico.
Da qualche anno il mio "sfogo fotografico" consiste in istantanee che prendono forma nella dimensione astratta degli accadimenti domestici e della quotidianità. Nelle città, nei luoghi e nelle case che ho attraversato negli ultimi quattro anni ho catturato una serie di istantanee di luoghi che cambiano insieme al mio movimento. Ora, nel forzato immobilismo, sto intrattenendo un dialogo con i cambiamenti silenziosi di giornate apparentemente uguali a loro stesse.

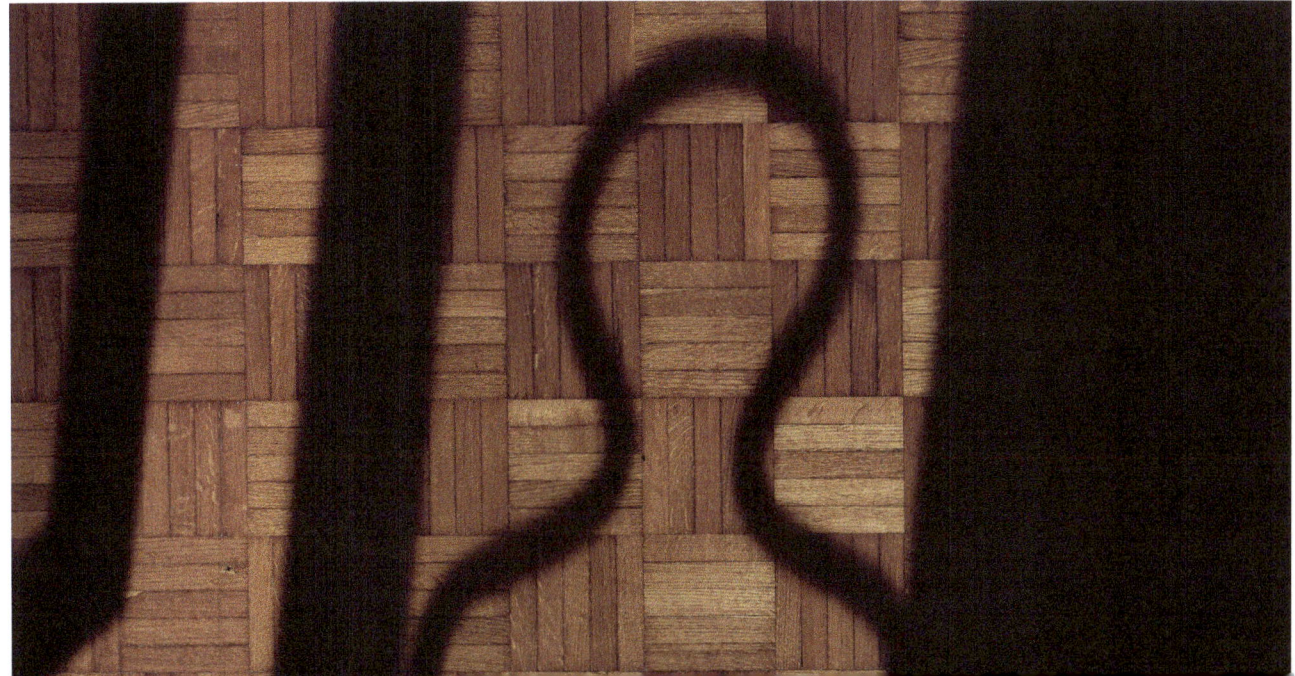

CLAUDIA 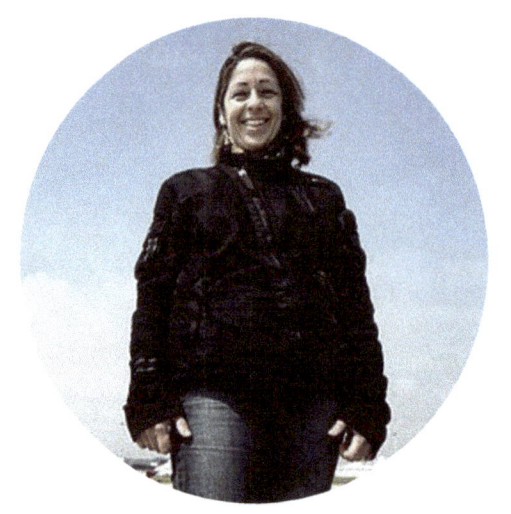 COSTANTINO

Mi chiamo Claudia Costantino sono nata nel '76 a Roma, originaria di Manziana un paesino a nord di Roma, attualmente vivo a Cerveteri. Sono da sempre appassionata di fotografia. Mi piace pensare che ci sono istanti in cui la mente si ferma per focalizzarsi su un solo obiettivo. Tutto ciò che ci gira intorno viene come congelato, perché si è attratti da qualcosa o qualcuno dalla quale cosa o dalla quale persona l'animo è rapito.

Claudia Costantino porta il tema **Un colpo di cannone e...**

Era il 31 dicembre 2015 e mi trovavo a Santa Marinella, un'incantevole località balneare vicino a Roma, in Italia, quando mi sono imbattuta in questa antenna radio trasmittente e da lì a poco uno stormo di uccelli migratori che andava e veniva con lo scoppio di alcune pistole dissuasive. Lo spostare continuo degli uccelli creava continuamente affinità architettoniche con la stessa struttura geometrica.

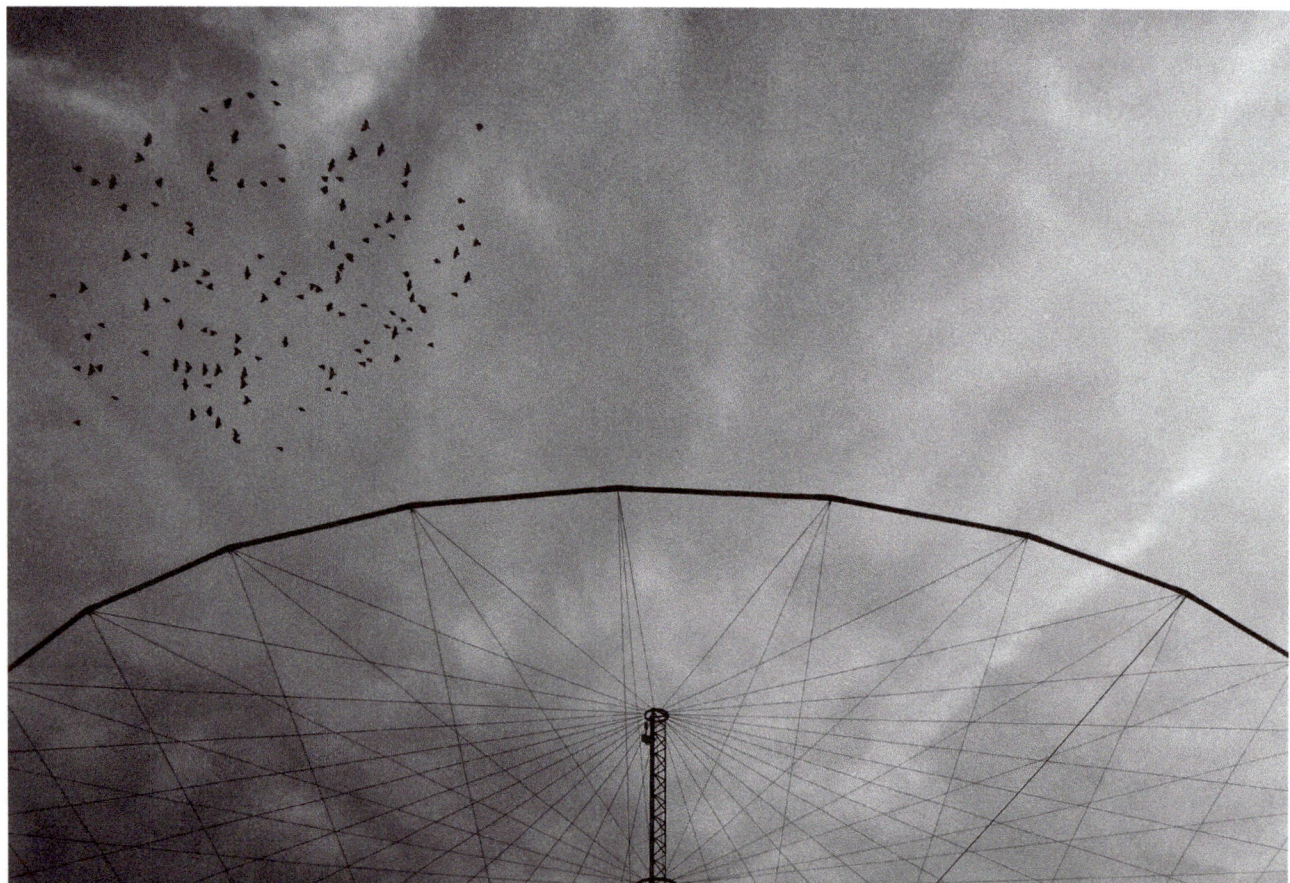

OLENA 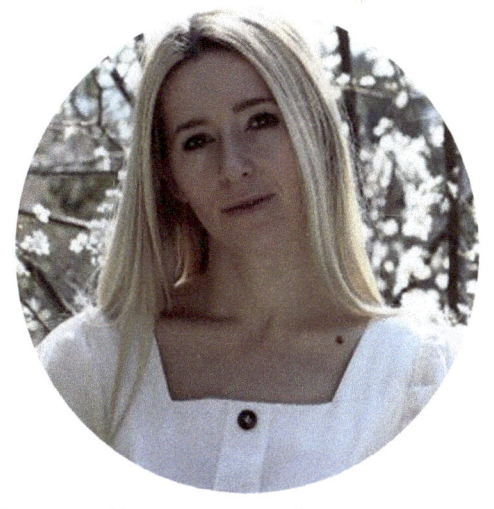 DEMCHYK

La mia passione per la fotografia nasce nel 2015 quando ho cominciato a frequentare i corsi di fotografia a Trieste. Questi studi mi hanno dato una base solida per poter esprimere la mia creatività e per scegliere il genere fotografico che mi piaceva di più, cioè "Il food". Mi sono affascinata fin da subito a questo genere perché attraverso il cibo puoi creare una storia, esprimere uno stile e trasmettere un'emozione.

Olena Demchyk porta il tema **Il Food.**

Il cibo è uno dei bisogni fisiologici più importanti che costituiscono il benessere di tutte le persone. Attraverso le foto possiamo stimolare l'appetito, la fame, la sete nonché risvegliare dei piacevoli ricordi. Ho voluto interpretare il piatto in tutte le sue fasi, dalla preparazione fino all'apparecchiamento del tavolo usando dei prodotti locali e rappresentando la cucina tipica italiana.

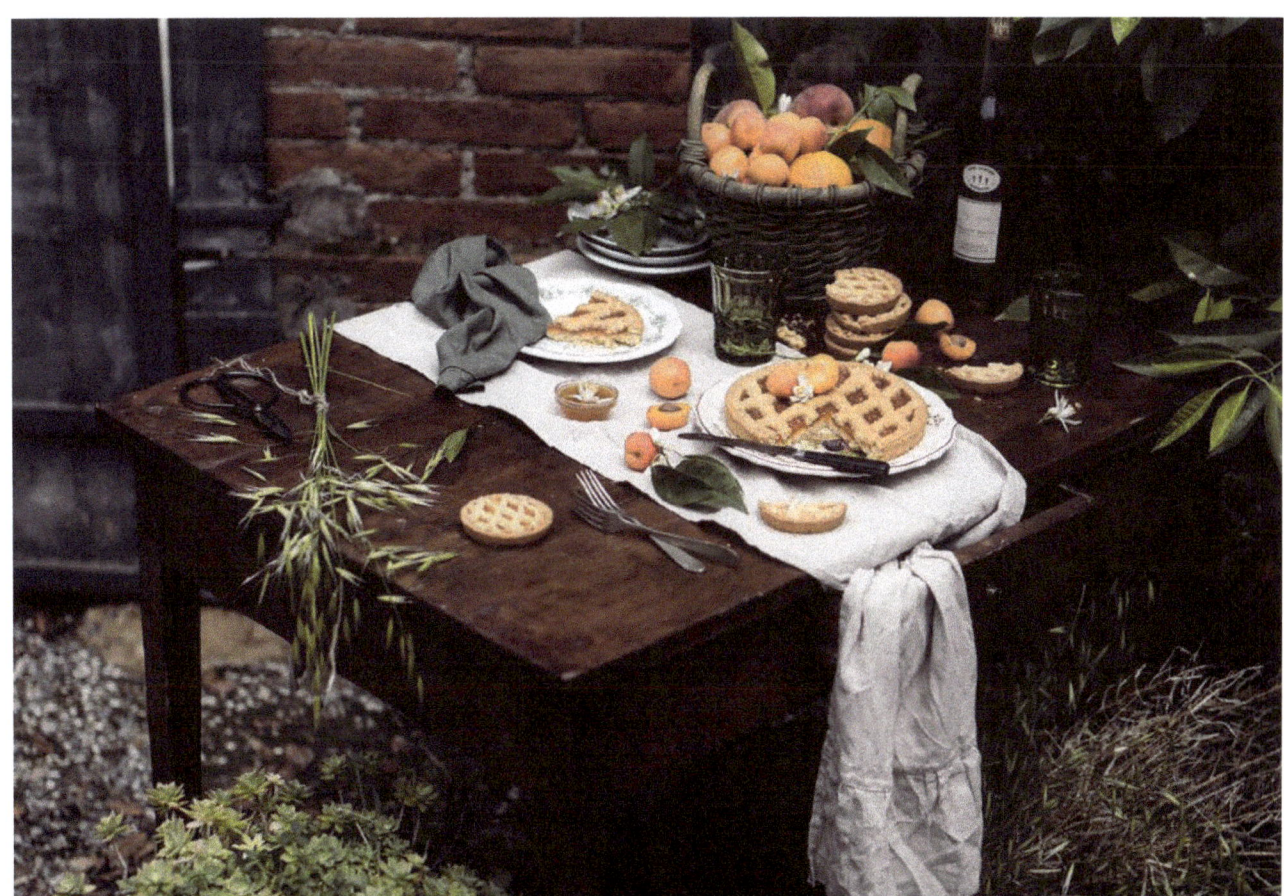

NEVIA 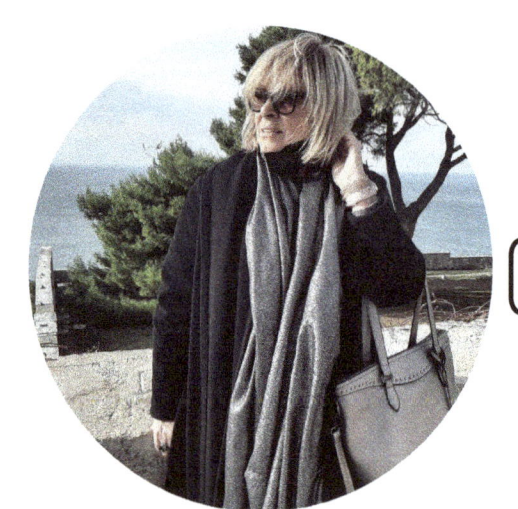 GREGOROVICH

Nevia Gregorovich pianista e pittrice di origine istriana, laureata in pianoforte al Conservatorio di Milano, si dedica con continuità alla ricerca artistica esponendo in Italia e all'estero. Spesso le sue esecuzioni di musica d'avanguardia sono collegate a mostre di pittura, scultura, fotografia a tema. Ha seguito a MI-Brera un corso di fotografia con Giuliana Traverso che le ha aperto l'orizzonte verso la ricerca su la "macro foto".

In mostra a Trieste per Le vie delle foto, ci guida in un viaggio dell'immaginario, di forte impatto emozionale, visto con ironia e gioia di vivere. Le immagini riprodotte fanno addentrare in una dimensione di continuo movimento dinamico, fluttuando nello spazio ravvicinato oltre i confini visibili e danno vita ad una visione plastica che gioca su intriganti effetti illusori evidenziando tutte le sue doti tecniche e il suo mondo poetico.

Nevia Gregorovich porta il tema **Il giardino delle delizie.**

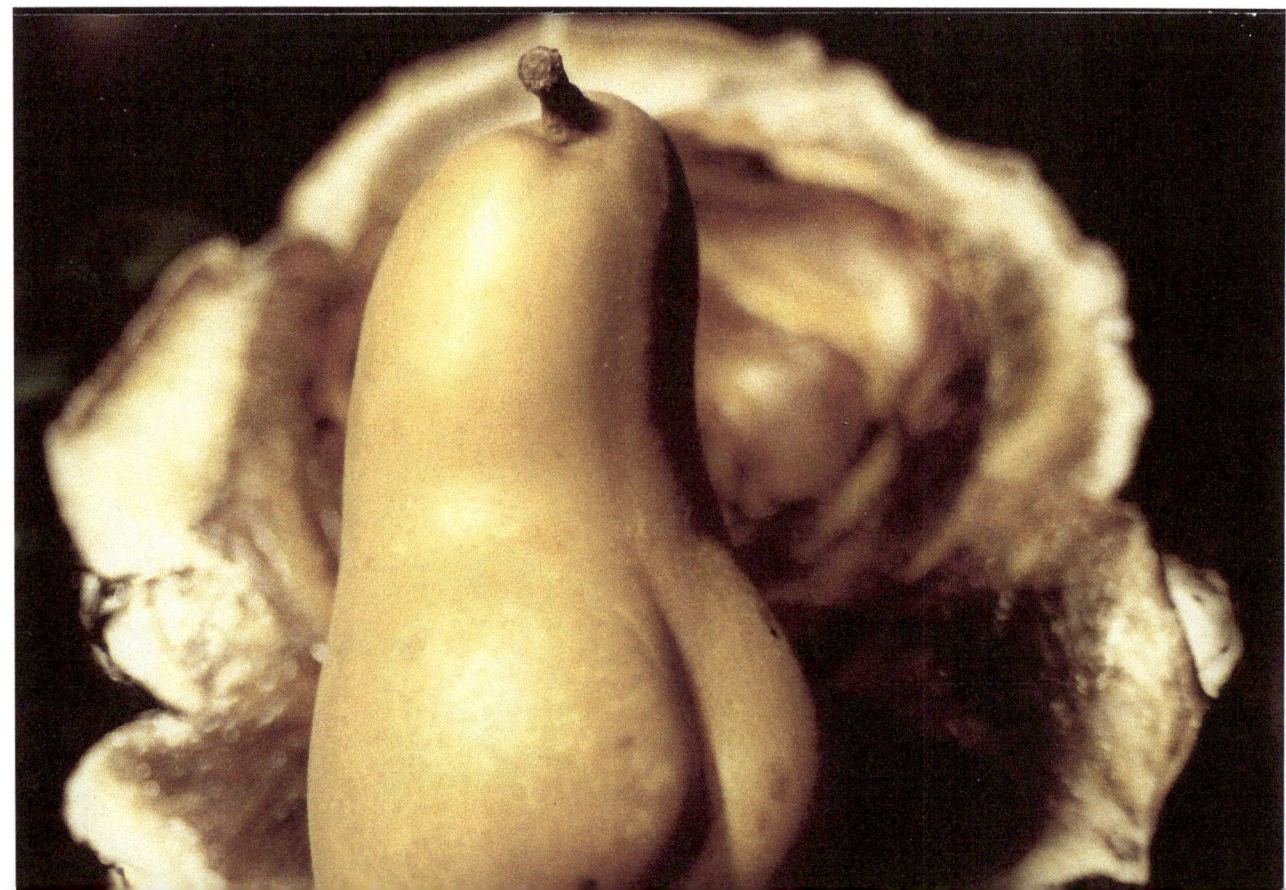

GRUPPO STREET 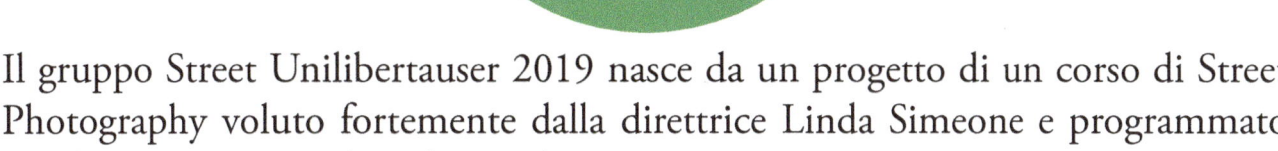 AUSER 2019

Il gruppo Street Unilibertauser 2019 nasce da un progetto di un corso di Street Photography voluto fortemente dalla direttrice Linda Simeone e programmato con l'insegnante **Gyula Salusinszky.**

L'Università delle Liberetà è un'Associazione di Promozione Sociale affiliata all'Auser Nazionale di cui fa propri la Carta dei Valori ed il Codice Etico.

L'Auser è una associazione di volontariato e di promozione sociale, strutturata a rete sul territorio nazionale, impegnata nel favorire l'invecchiamento attivo degli anziani.

L'attività dell'Università delle Liberetà, in particolare, è dedicata a soddisfare il desiderio di apprendimento che si manifesta nelle persone durante tutto l'arco della vita.

Il gruppo Street Unilibertauser 2019 presenta il tema **Street**

Dove c'è luce c'è ombra e, se la foto è luce, le ombre possono influenzare fortemente un'immagine, creando tridimensionalità, fino a diventare protagoniste. Una qualsiasi superficie riflettente produce degli effetti molto gradevoli.

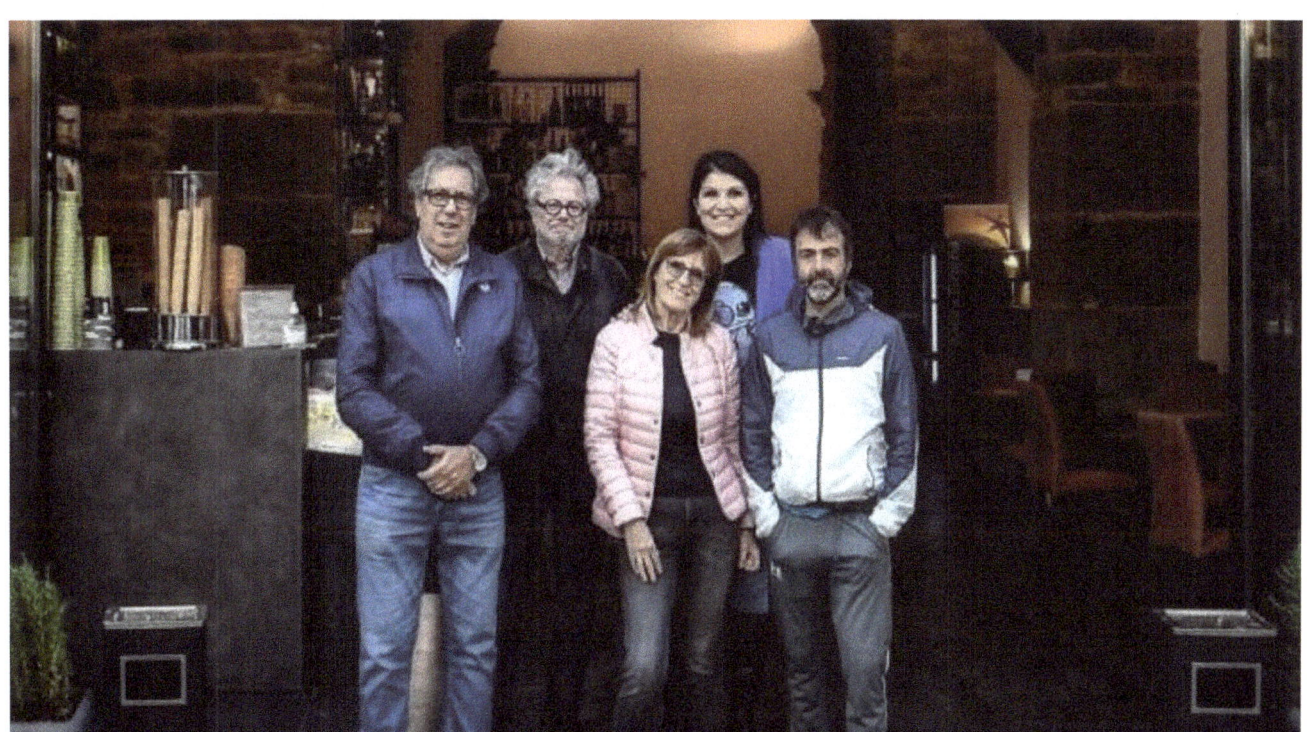

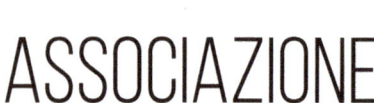 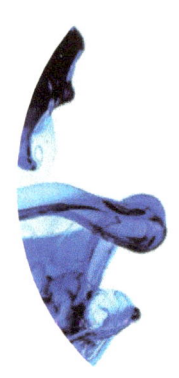

ASSOCIAZIONE

ACQUA
UNA MOSTRA
FOTOGRAFICA

INQUADRA

Inquadra è un gruppo di fotografi dell'alto trevigiano nato dalla convinzione che lo scambio di idee e conoscenze sia sempre occasione di crescita.
www.inquadra.info

L'Associazione Inquadra questo anno porta il tema: **Acqua**

L'acqua siamo noi. Più della metà del nostro corpo è composta da questo liquido inodore, insapore, neutro… che sa donare la vita, ma anche la morte. Quando è troppa, ad esempio: gli effetti della tempesta "Vaia" di ottobre 2018 sono ancora sotto i nostri occhi; ma anche quando è troppo poca: senza acqua non c'è vita; oppure ancora quando è alterata: veleno per il nostro organismo.

Ognuno di noi ha un rapporto molto personale con questo elemento che è alla base di tutto il nostro essere, i nostri occhi vedono significati diversi nelle suo manifestarsi. Ma il finale è comune a tutti: l'acqua che non rispettiamo, che maltrattiamo, che sprechiamo, che inquiniamo, è equa: tutto quello che le facciamo, prima o poi torna a noi. Al nostro corpo.

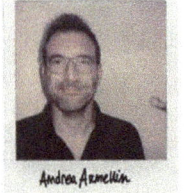
Andrea Armellin

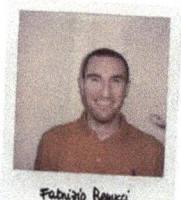
Fabrizio Bonucci

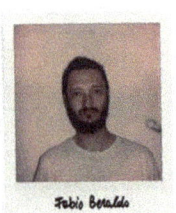
Fabio Betaldo

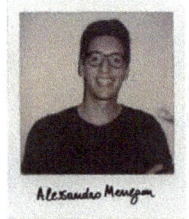
Alessandro Menegon

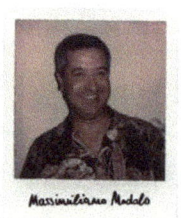
Massimiliano Andalo

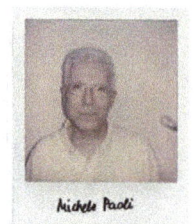
Michele Paoli

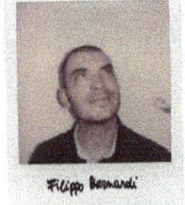
Filippo Bernardi

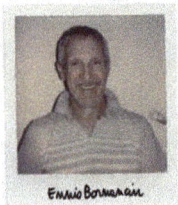
Ennio Bormanin

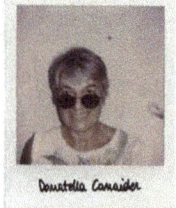
Donatella Carraider

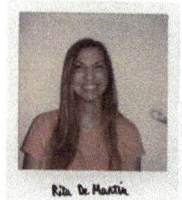
Rita De Martin

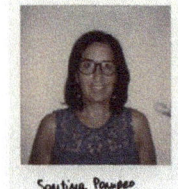
Santina Pompeo

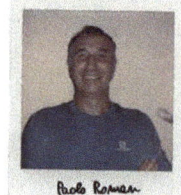
Paolo Roman

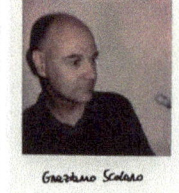
Graziano Scolaro

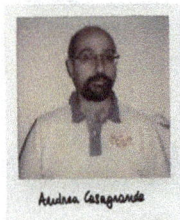
Andrea Casagrande

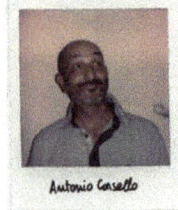
Antonio Corsetto

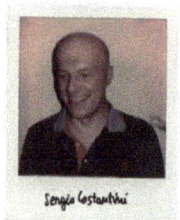
Sergio Costantini

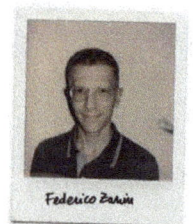
Federico Zanin

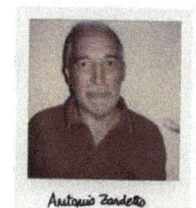
Antonio Zandetto

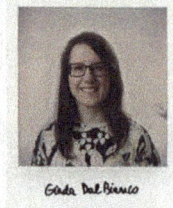
Gioia Dal Bianco

GSM 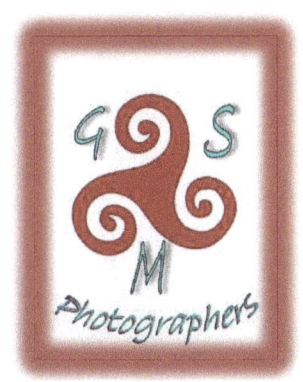 PHOTOGRAPHERS

Gabriele, Max, Domenico, Fabrizio, Rosario, Felice, Stefano e Gabriella. Come una bolla di sapone viaggiamo sospesi, trasportati dal vento e nel tempo tra cielo, luce e buio.

Ognuno di noi in quella bolla si perde, chiude gli occhi fruga nell'angolo dei ricordi e cerca ritagli fotografici.

"Senza Tema" e senza meta vagabondando tra ritratti, lune e campanili, ponti, finestre e grate. Milano e i falò. Gabbiani, ramarri, api e gatti sottocoperta.

Una poltrona rosa, un'alba rosa, apriamo gli occhi e un amico ci ha lasciati.

Un nuovo giorno, una futura vita arriverà.

Dieci fotografi di fronte allo stesso soggetto producono dieci immagini diverse, perché se è vero che la fotografia traduce il reale, esso si rivela secondo l'occhio di chi guarda. (Gisele Freund)

I gsm Photographers hanno portato il tema **Senza Tema.**

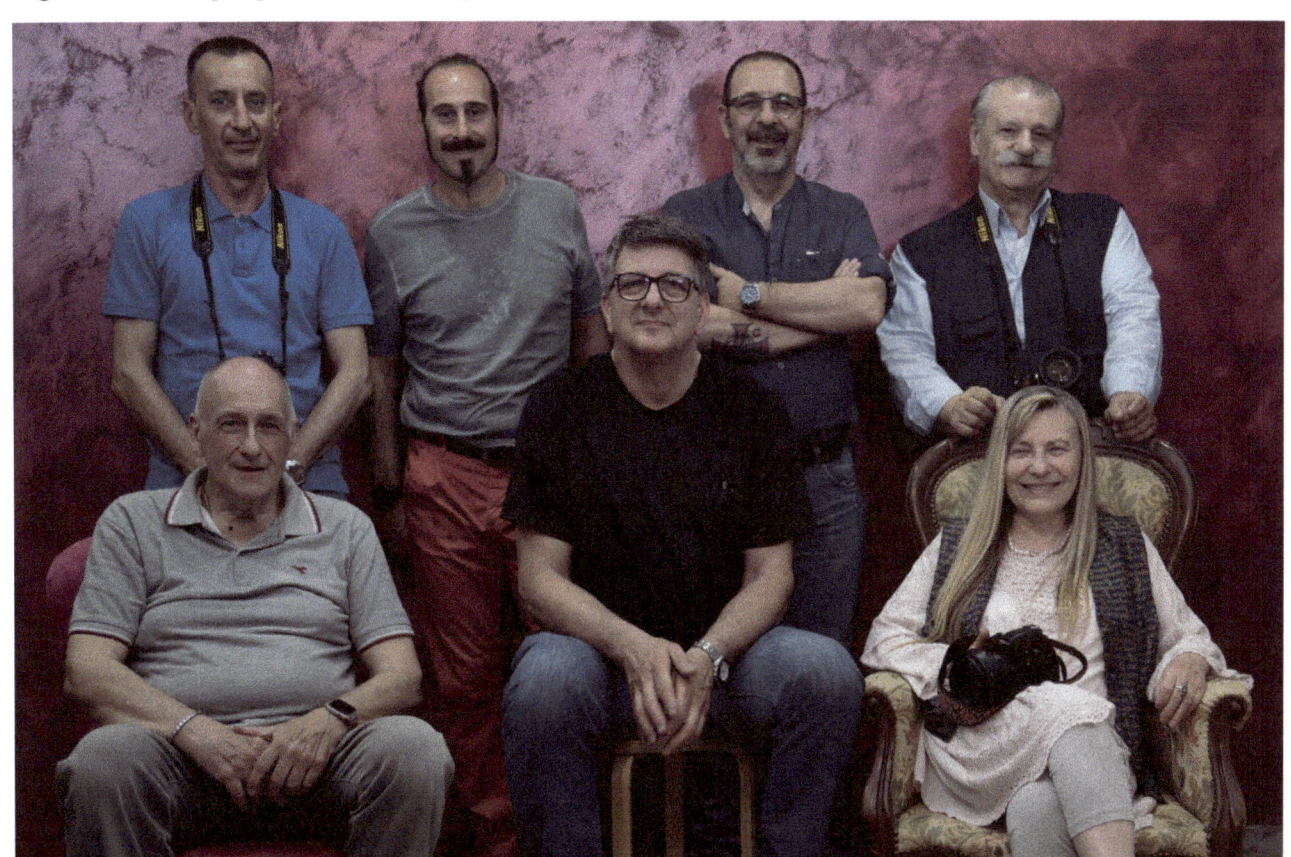

ELIANA 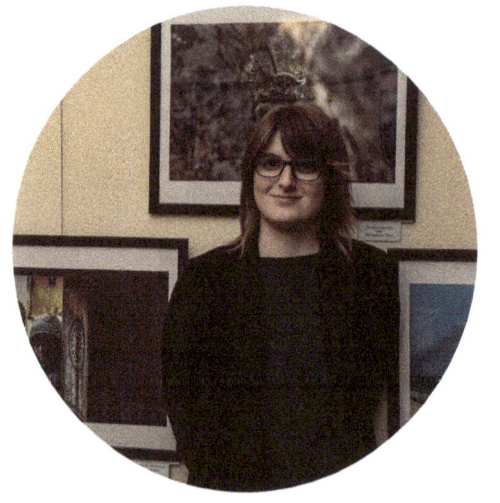 INTRUGLIO

Eliana Intruglio, classe 1992. Fin da piccola sono appassionata di fotografia e da tre anni ho unito questa passione con la voglia di scoprire e di viaggiare: da qui è nato il blog di viaggio "Donna Vagabonda". I miei scatti sono principalmente di viaggio e naturalistici. Utilizzo solo ottiche Canon e possiedo come corpo macchina principale una 5D Mark III a cui abbino diversi obiettivi tra cui macro e tele. Le mie fotografie sono principalmente a colori e cercano di veicolare un messaggio: la mia visione del mondo attraverso i viaggi che compio.

Eliana porta il tema **Donna Vagabonda - La mia fotografia che racconta il mondo**

Questa mostra vuole raccontare la mia esperienza, con un pizzico di pepe e attraverso gli occhi di una sognatrice: penso che viaggiare liberi la mente e arricchisca la propria vita di emozioni e pensieri positivi. Ogni viaggio è personale, ogni viaggio è un traguardo, ogni fotografia è una testimonianza unica di quel viaggio.

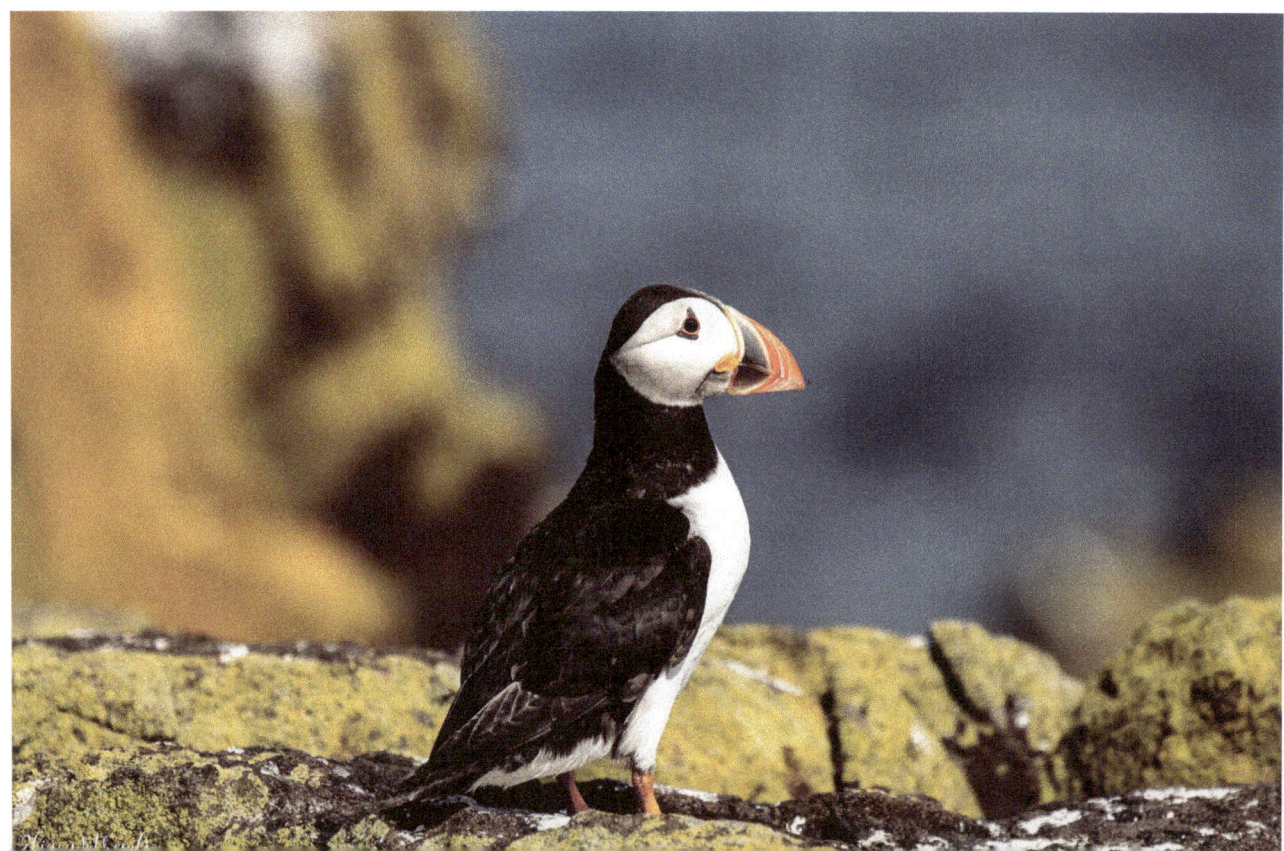

VALENTINA 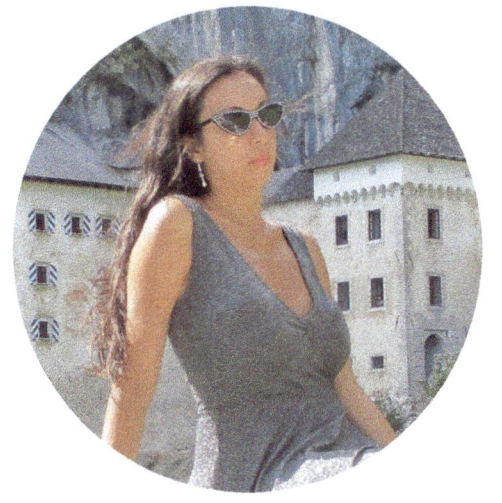 IRRERA

Sono Valentina Irrera, mi piace fotografare di tutto, dalla natura in tutte le stagioni, i paesaggi montani e marini e amo molto l'architettura. Mi piace anche studiare le lingue straniere, in particolare lo Sloveno ed il Croato. Ho una grandissima passione per la letteratura. Amo inviare le segnalazioni ai giornali che fortunamente apprezzano le mie immagini e le pubblicano spesso. È il terzo anno che partecipo alle vie delle Foto.

Valentina Irrera porta il tema **Tour tra i castelli Sloveni.**

Dopo un tema autunnale, e uno sulle spiagge della Cornovaglia, quest anno vi porto piu vicino , facciamo un tour tra i castelli sloveni.
Sono circa 15 castelli, dal piu vicino a Trieste, il castello di Socerb al piu lontano, il castello di Otočec dai piu famosi castello di Bled ai piu sconosciuto e fiabesco immerso nel bosco, come il castello di Snežnik.

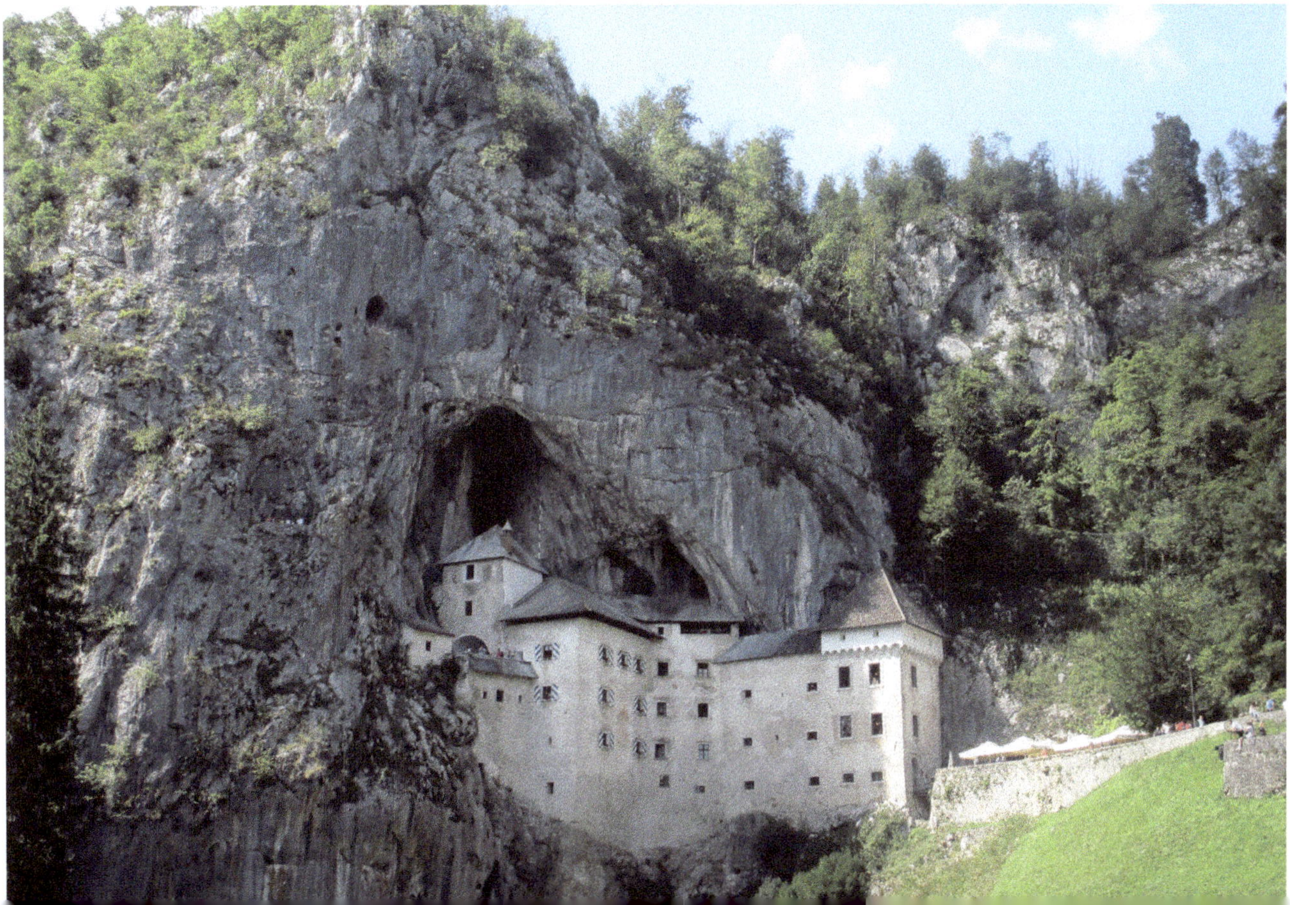

LABORATORIO CREATIVO

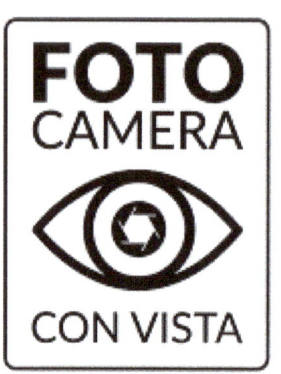

FOTOCAMERA CON VISTA

**Mostra collettiva del Laboratorio fotografico creativo
organizzato dal gruppo Fotocamera con vista**

Il laboratorio fotografico creativo è un progetto fotografico proposto periodicamente da @Fotocameraconvista che si rivolge a chi abbia voglia di fuggire dalla fotografia di massa per dedicarsi alla realizzazione di immagini più meditate e meno banali, che richiedono tempo e riflessione e che nascono da un'idea.

Si è trattato di un intenso lavoro di gruppo dove l'idea del singolo è stata filtrata e rielaborata attraverso la sensibilità di tutti i partecipanti in una continua osmosi di idee e suggerimenti che alla fine hanno prodotto le opere esposte.

Gli autori: Daniela Pick, Elio Ravalico, Ermes Cabas, Franca Zuliani, Gianluca Verde, Giulia Coppetti, Giulio Milion, Rocco Colavito, Rossana Giorgi, Sara Testa

Potete seguirci su Facebook alla pagina @Fotocameraconvista

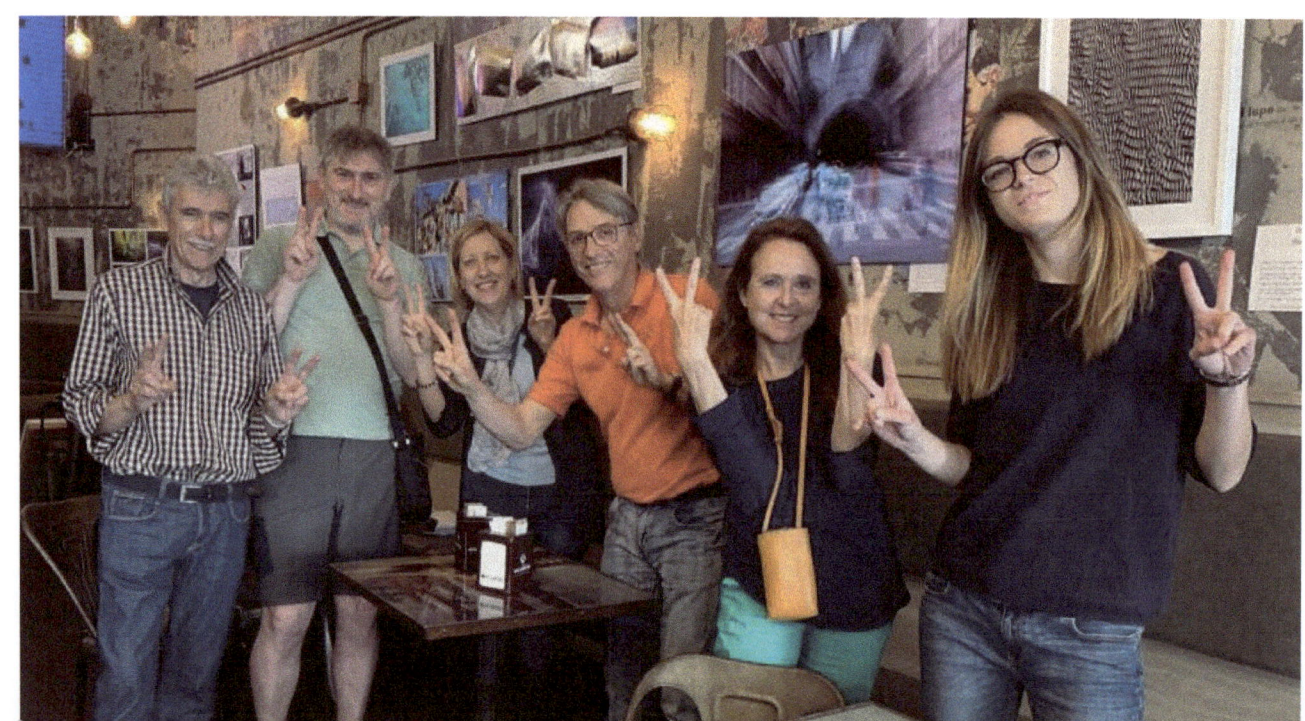

LE RAGAZZE 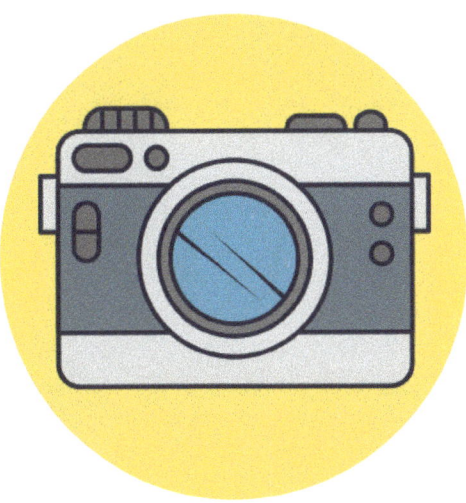 DI GIANNI

Diana Sincovich, Ester Pertegato, Fosca Pollastrelli, Germana Scherli, Franca Zuliani, Marisa Paoli, Samantha Blank, Adriana Fonda e Daniela Costantin sono delle amiche che condividono la passione della fotografia. Il gruppo si è costituito grazie a Gianni Mohor che non ha bisogno di presentazioni nel panorama del settore triestino. Ognuna con le proprie caratteristiche, ognuna con la propria storia, ma insieme per confrontarsi , sperimentare e, perché no, divertirsi.

Le ragazze di Gianni portano il tema **Arte in tavola.**

Le ragazze di Gianni quest'anno si sono messe alla prova con il light painting, una tecnica fotografica che consiste nel "dipingere con la luce" durante un'esposizione prolungata.
Si sono armate di vettovaglie varie e, torcia alla mano, hanno cominciato a pennellare gli oggetti per dare forma alle ombre.
Gli esempi più importanti li troviamo in pittura. Primo fra tutti Caravaggio ma anche Leonardo e Michelangelo si cimentarono nel chiaroscuro, mentre fra i maestri stranieri, ricordiamo Rembrandt, Vermeer e Goya.

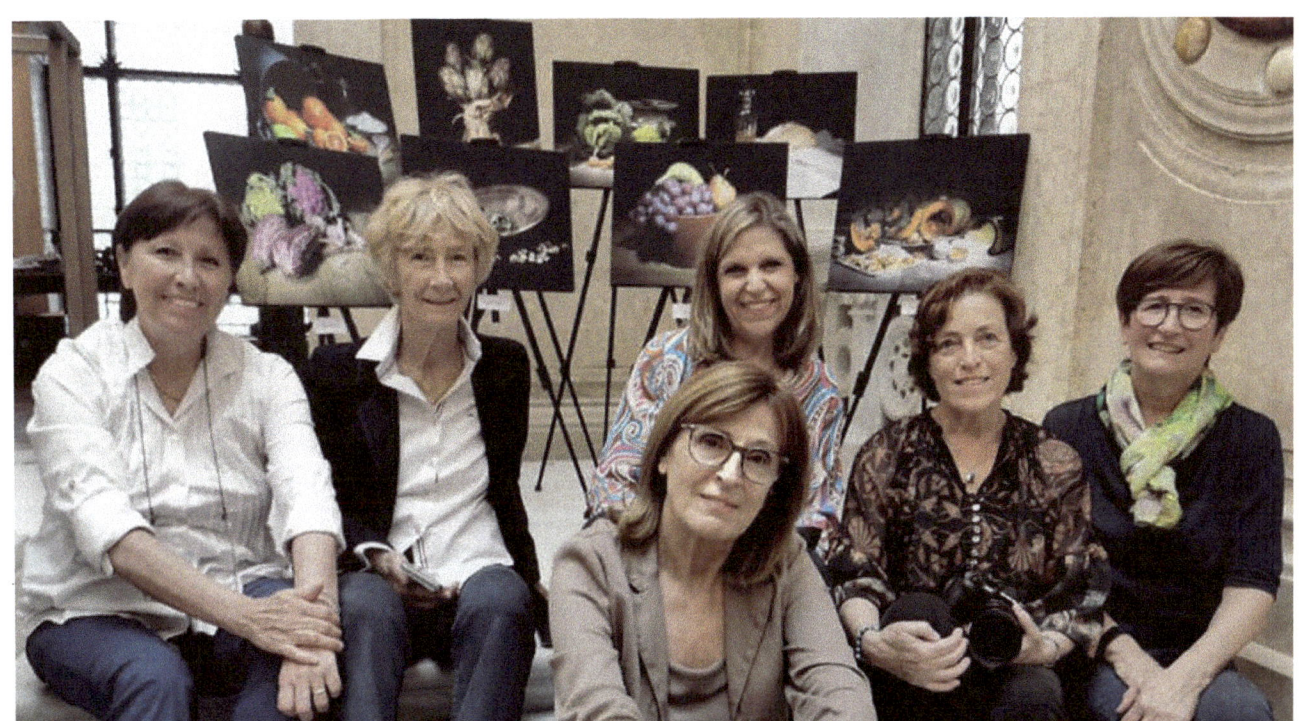

FIORELLA 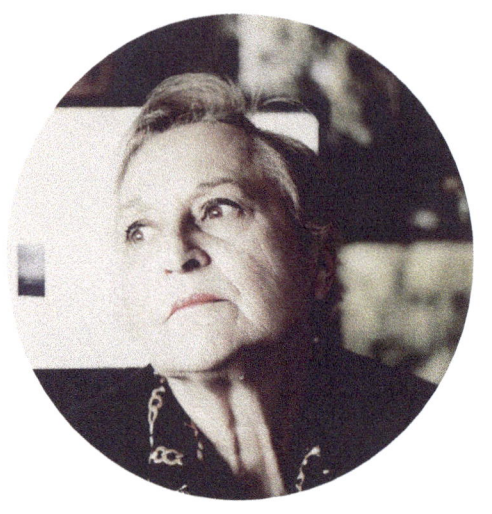 MACOR

Fotografa professionista dal 1977 , attualmente freelance,specializzata in : FoodPhoto, Ritratti, Cerimonie, Interior, attualità, microstock, mobilephotography. Insegno food photography rivolgendosi soprattutto a blogger, chef, produttori, aziende che operano nel food e turismo.
Nonostante il lavoro commerciale ho sempre fatto delle ricerche personali dove poter incanalare la creatività senza vincoli commerciali o tecnici.

Fiorella Macor porta il tema **Flora**

Flora nasce da una riflessione e dal desiderio di "bellezza". Flora è un esperimento d'espressione, non mi bastava riprodurre la bellezza della natura ma volevo raccontarla come se fossi una pittrice mescolando colori e pennellando con colpetti di luce, stravolgendo un po' il colore della realtà. Flora è l'insieme di tutti questi miei pensieri, è un'idea , potrebbe essere un nuovo inizio.....con lo pseudonimo di ArtemisiaDemon.

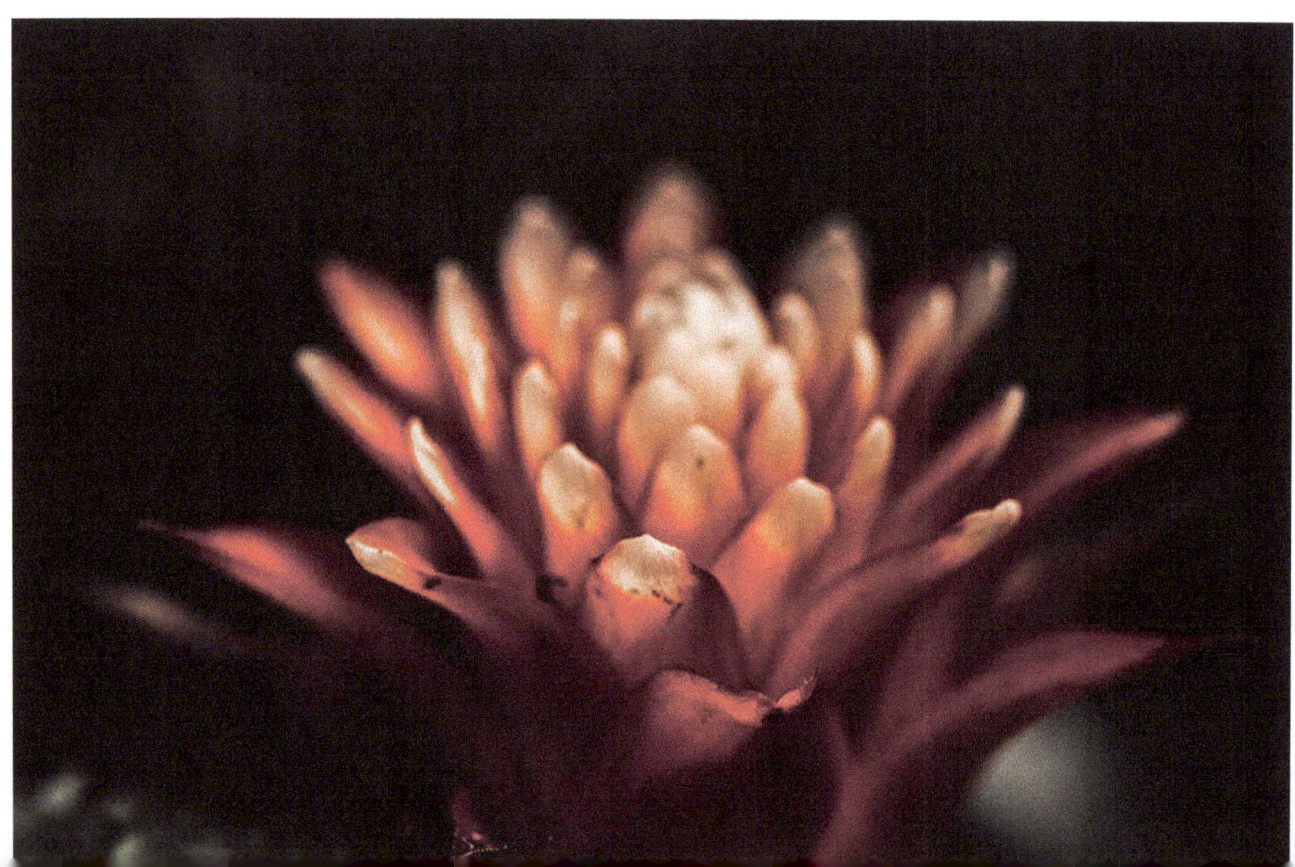

ANGELO 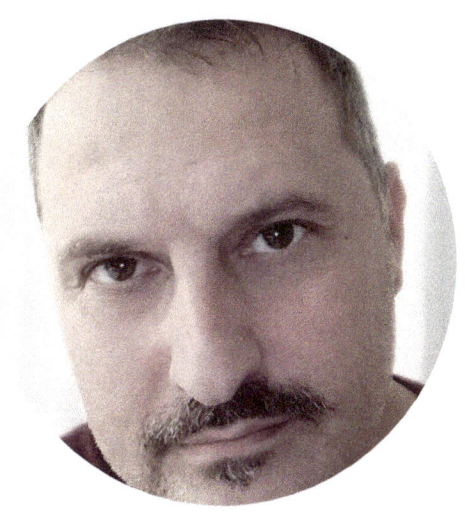 MENNELLA

Nato a Taranto nel Luglio 1970, si avvicina al campo della fotografia sin da piccolo diventando un appassionato di fotografia analogica. Con l'avvento delle fotocamere digitali, resta fedele al mezzo analogico fino al 2016 quando compera la sua prima digitale.

Il suo approccio resta analogico utilizzando macchine con sensori Foveon studiati per i transfughi analogici. Il suo motto è: "la mia miglior fotografia, la scatterò domani!"

Angelo Mennella porta il tema **Venezia Carnale.**

La Venezia di tutti colpita ferocemente nelle carni dall'inciviltà comune tra l'indifferenza generale.

Un colpo mortale all'arte, una violenza senza fine…

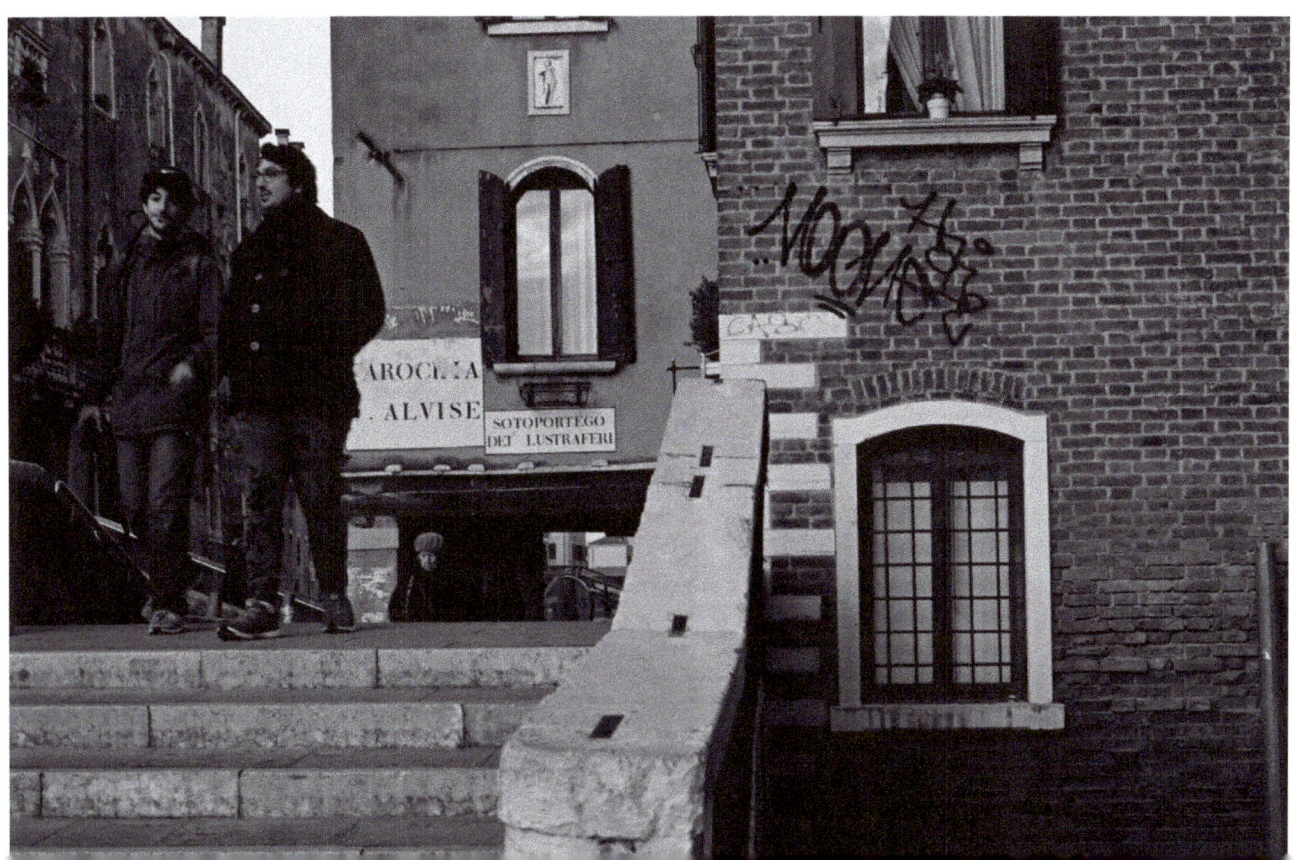

ERIKA 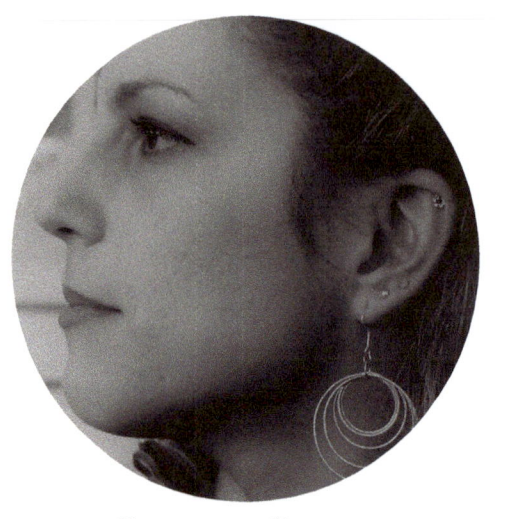 MUSMECI

Nata a Trieste, si diploma presso l'istituto d'Arte E. e U. Nordio, frequenta il corso organizzato in memoria della Scuola di Nino Perizi tra il 1998 e il 2000 presso l'Istituto d'Arte E.U.Nordio in collaborazione con il Museo Revoltella di Trieste e partecipa alla mostra collettiva medesima esposta al Museo Revoltella.

Erika Musmeci porta il tema **Alexander Platz**

Berlino è una città in continuo mutamento, con una tendenza cosmopolita e innovatrice. Alexanderplatz è un'importante piazza di Berlino, importante nodo viabilistico e di trasporti, è storicamente considerata il centro della parte orientale della città. "Alex", come la chiamano molti berlinesi continua ad essere uno dei punti d'incontro più importanti della capitale, a ogni ora del giorno pullula di vita, oltre ad essere un nodo importante della metropolitana è visitata da turisti da ogni parte del mondo.

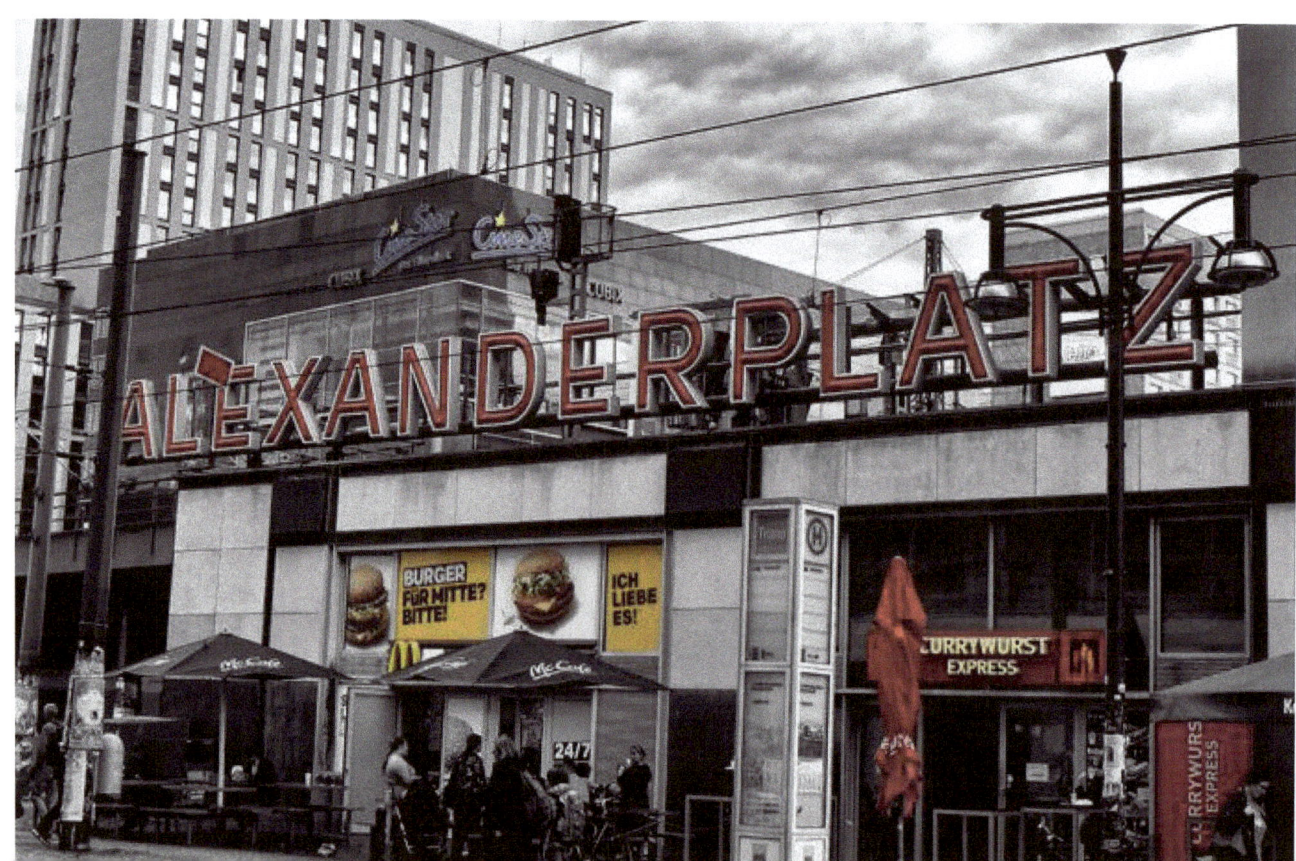

GERARDO 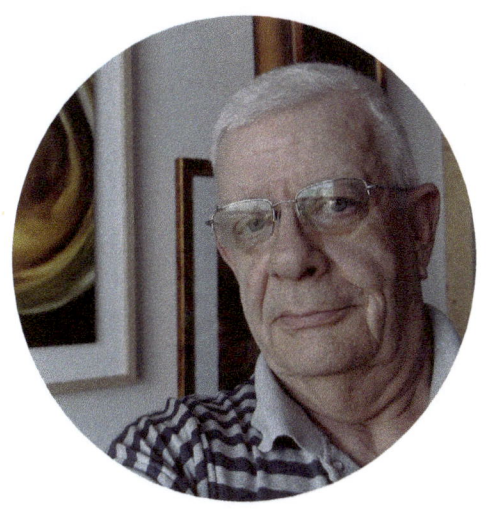 OLIVERIO

Il titolo della mostra che quest'anno presento è: **Io+Lvdf 9/10.**

Io partecipo a Le vie delle Foto da ben nove anni e quest'anno si festeggia il decennale.

Ho voluto omaggiare, con questi miei scatti, l'avvenimento per ringraziare la Direttrice Linda Simeone, donna straordinaria che stimo e ammiro.

Ogni immagine contiene il riferimento questo evento ed il tutto è ambientato a Trieste che ha visto nascere, svilupparti e santificarsi come uno degli eventi di fotografia più importanti ed artistici.

I locali di questa città nel mese di aprile si animano ospitando le foto di molteplici fotograi che vengono da ogni parte d'Italia ma anche dall'estero.

Le mie fotografie hanno lo scopo di festeggiare questo decimo anno pur non mancando di valorizzare con panorami, oggetti ed avvenimenti il fine della mia fotografia.

I giochi cromatici in post-produzione hanno lo scopo di dare all'osservatore la visione della realizzazione dell'idea artistica di un'immagine.

Evviva Le vie delle Foto!

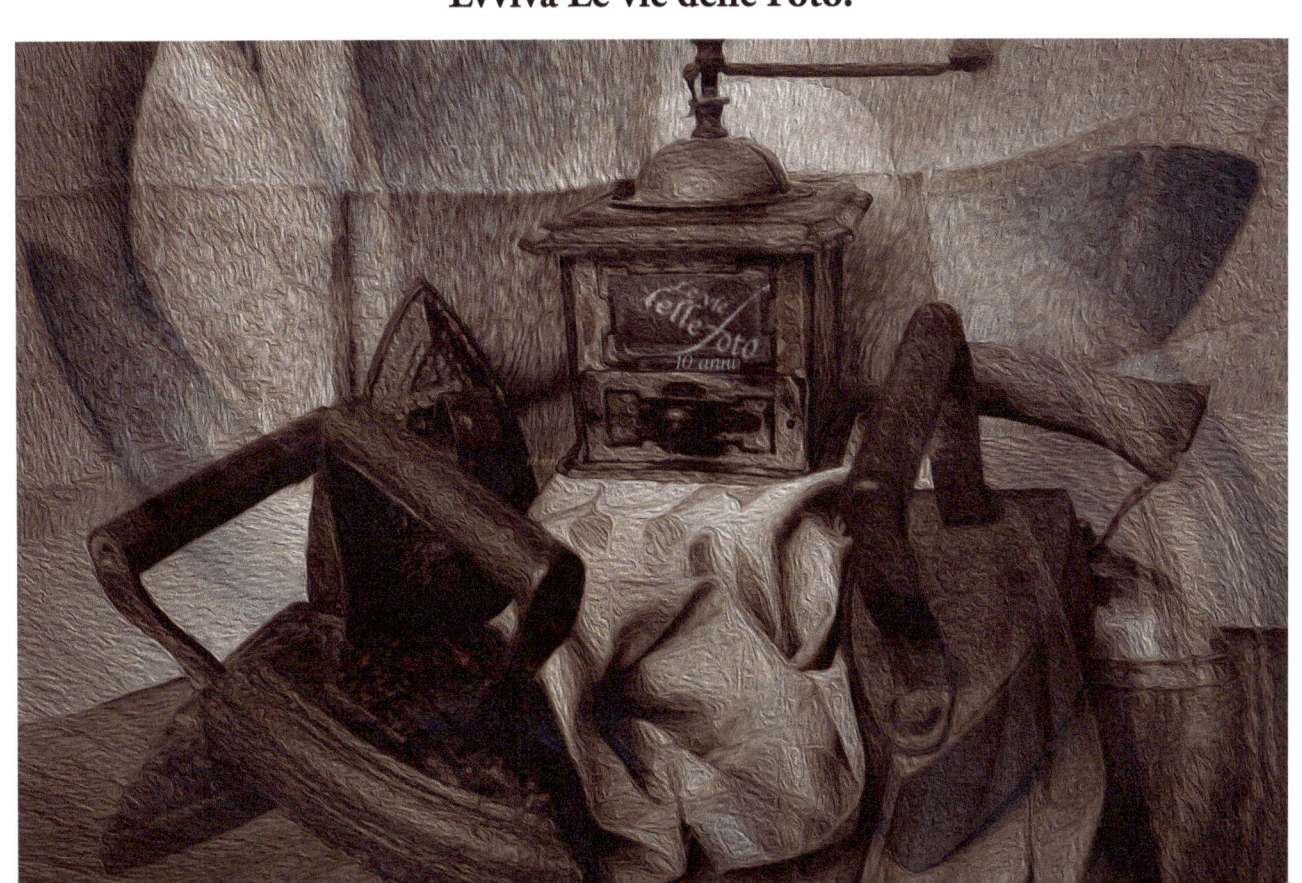

DINO 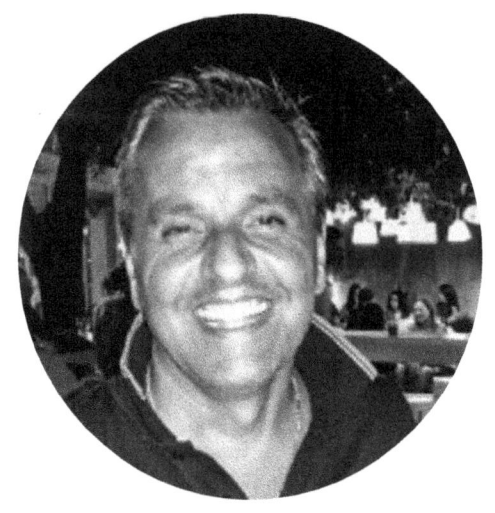 POLIDORI

Nasce nel 1970 a San Benedetto del Tronto, dove vive e lavora. La stessa passione per l'arte e la sensibilità estetica che lo avvicinano alla fotografia come amatore, lo spingono a frequentare la Facoltà di Architettura presso l'Università di Chieti. Dopo l'abilitazione all'esercizio della Professione di Architetto lavora a molti progetti anche di importanza nazionale. Partecipa inoltre a numerosi concorsi nazionali ed internazionali. È docente di storia dell'arte e territorio.

Dino quest'anno porta il tema: **Forme nude, geometrie dell'architettura contemporanea.**

Fotografare un'architettura è come ritrarre una persona, bisogna saperne cogliere l'essenza in uno scatto, esaltarne i tratti più profondi e significativi. Tuttavia, fotografare architettura oggi non è sempre, come si potrebbe pensare, fornire all'utente un reportage il più possibile completo di particolari e di aspetti di un determinato edificio. Al contrario, a volte per intuire il valore, l'essenza vera di

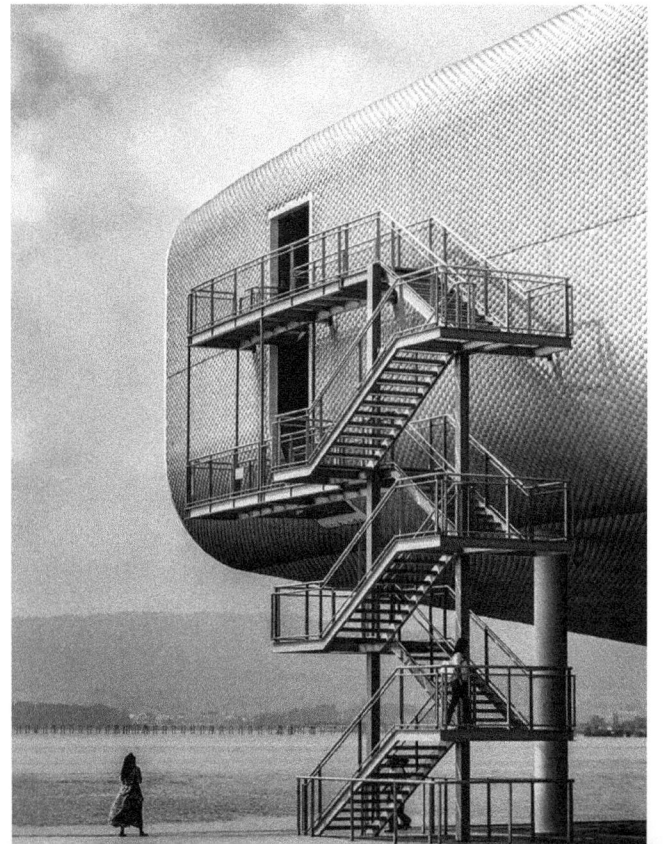

un'architettura occorre far ricorso all'indeterminazione. È infatti proprio l'incompiutezza, molto spesso, a permettere l'operazione del ricomporre mentalmente il non esibito. Nei miei scatti uso spesso l'istinto, facendomi guidare dalle emozioni che un edificio mi trasmette. Quello che rimane è pertanto una narrazione dell'immaginario estetico e architettonico dell'uomo contemporaneo, che considera l'architettura come una forma d'arte, gli architetti come degli artisti e gli edifici come un riflesso dell'epoca in cui si vive.

ALESSANDRA 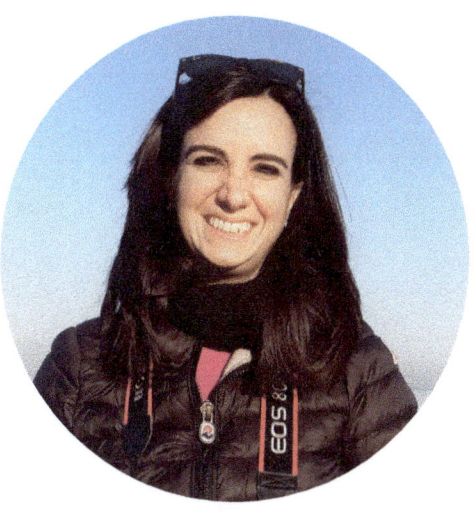 POLLINA

Mi chiamo Alessandra Pollina, sono nata a Portomaggiore e vivo a Ferrara. Amo molto la natura, in particolare il mare e mi piace molto visitare posti che siano vicini e anche lontani dai luoghi dove sono nata e cresciuta.

Sono laureata in biologia e in agraria, i miei studi mi hanno portato ad analizzare la natura da vicino, cercare di osservarla, scoprirla e saperla apprezzare in tante sue forme e sfaccettature.

Sono interessata soprattutto alla fotografia naturalistica, amo immortalare soprattutto animali, insetti e fiori. Desidero tentare di catturare la sua meraviglia: gli splendidi luoghi in cui vivono animali e si sviluppano piante e hanno dimora piccoli e preziosi insetti. In questo modo vorrei far conoscere alle persone che vedono le mie foto i luoghi straordinari a me cari e gli animali che mi sono ormai famigliari. Fotografare e mostrare la natura penso possa essere un modo per rendere il mondo più bello

Alessandra quest'anno porta il tema: **In volo sul Delta e le sue valli**

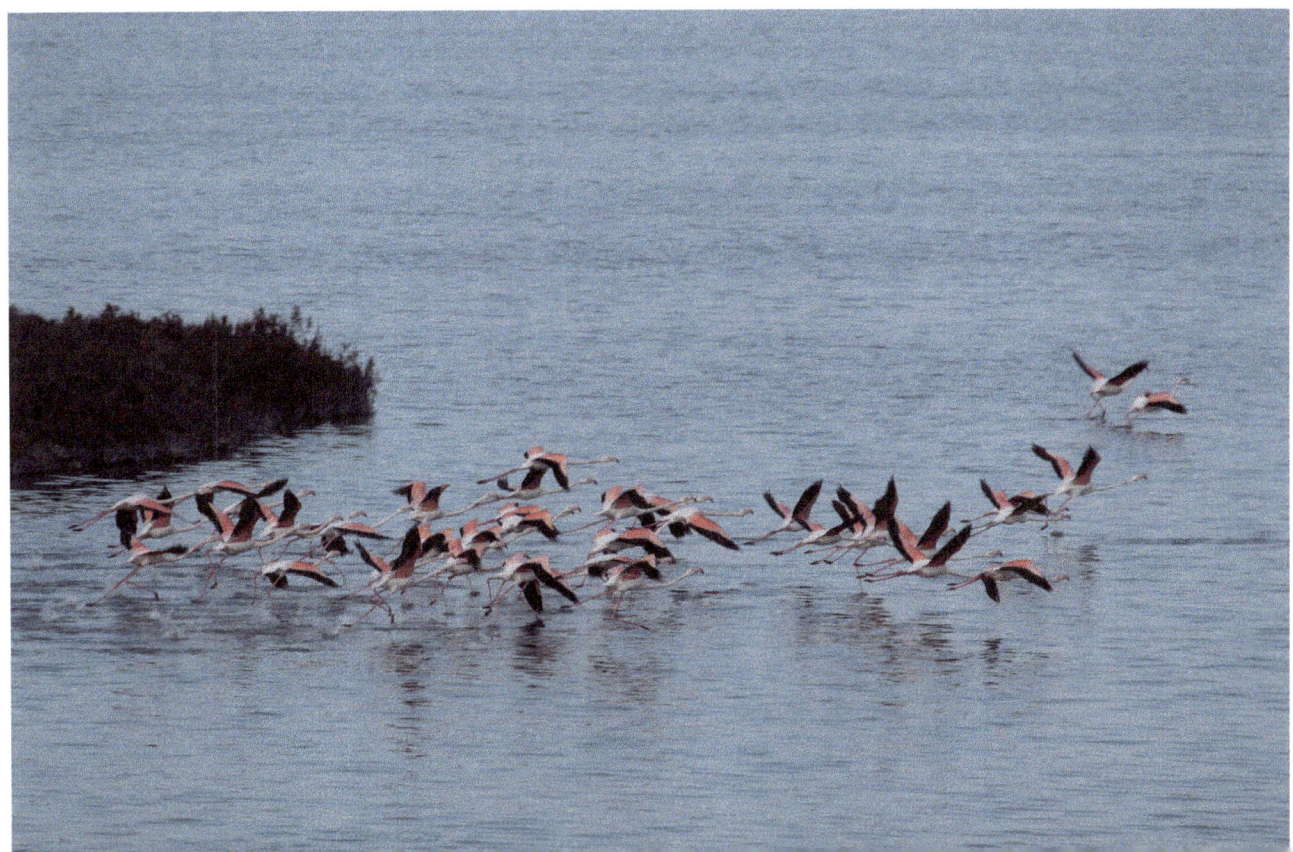

MAX RANCHI

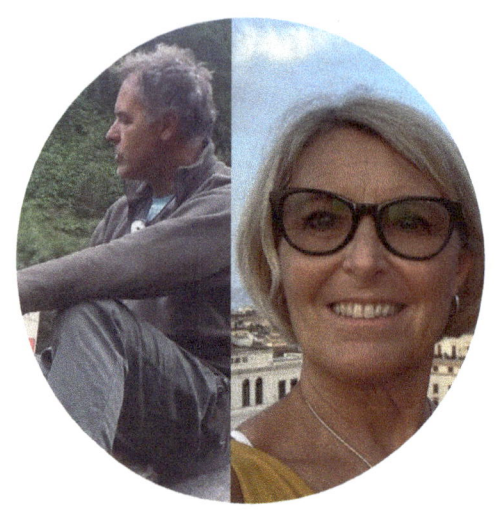

CRISTIANA RANCHI

Ho iniziato a viaggiare con i miei genitori fin da piccola e la passione è cresciuta con me. Nel 2015 ho preso il primo brevetto sub per poi coltivare la passione della subacquea e diventare una Master Scuba Diver, il massimo livello per la subacquea ricreativa. Amo le acque calde del sud-est asiatico che visito da 15 anni, la Thailandia, la Malesia e il nord del Sulawesi in Indonesia sono le mie mete preferite , dove ho potuto registrare oltre 700 immersioni. Incontrando istruttori e guide sub appassionati di fotografia, sono stata contagiata. Da qui la passione per l'identificazione delle specie marine più curiose come i nudibranchi e le varietà di rana pescatrice, che rimangono i miei soggetti preferiti.

Partecipo alla mostra con mio fratello Max perché ci lega la passione per il mare. Da qui il tema della nostra esposizione, **Above & Under,** lui sulle onde, io da 20 a 40 metri sotto la superficie del mare.

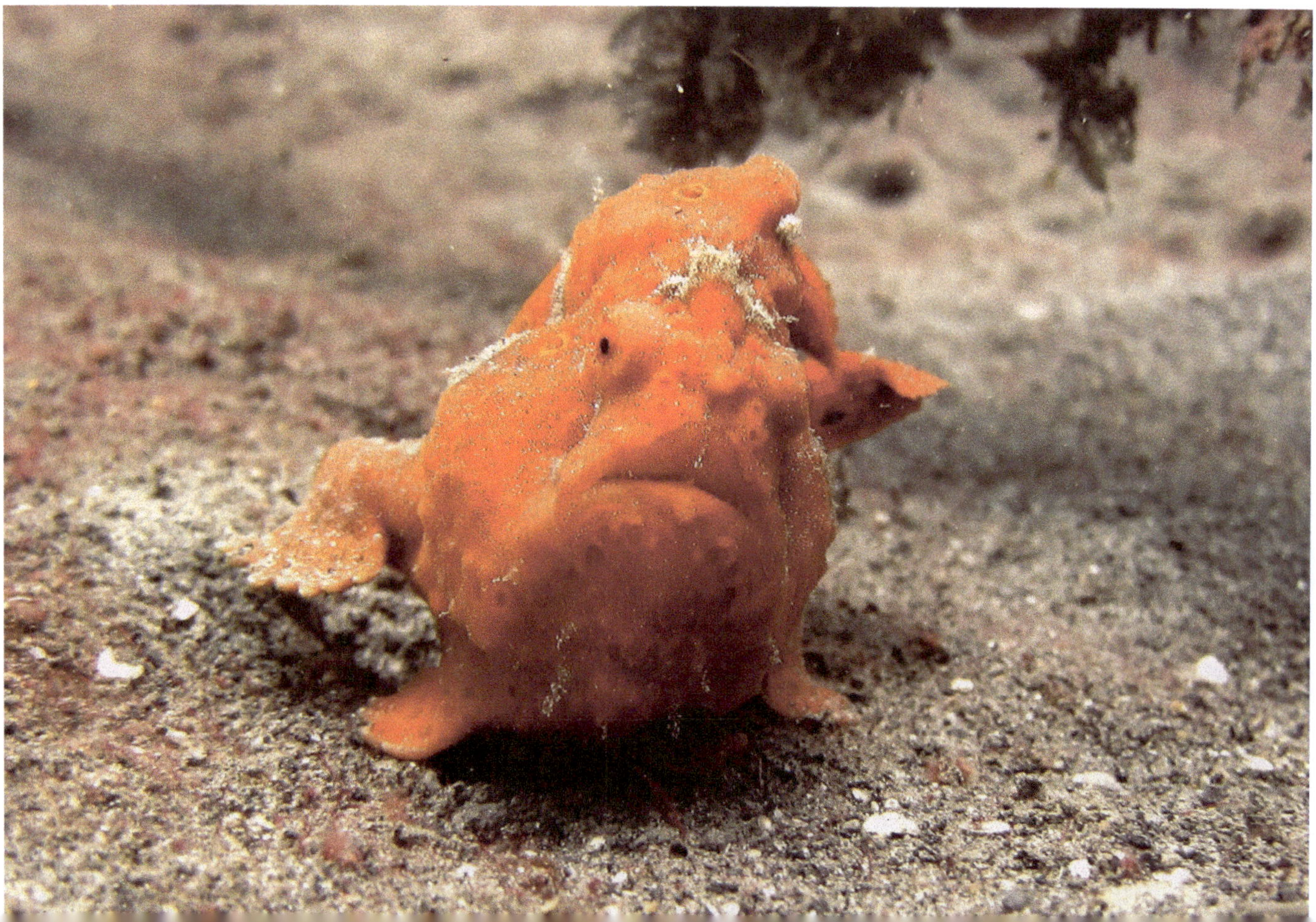

SIMONETTA 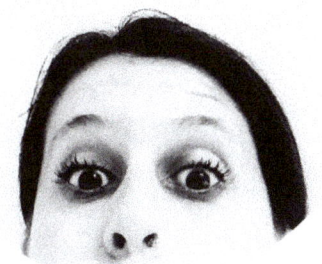 ROSSETTI

Simonetta Rossetti si forma alla facoltà di Architettura di Venezia e matura la sua passione per la fotografia durante il periodo di studi parigino. Concorre a numerosi concorsi fotografici e nell'ultimo anno ha partecipato a numerose mostre collettive promosse dalla galleria Gina Affinito di Lecce con un'opera fotografica presso villa Lysis a Capri, con un'opera scultura presso la Galleria Gina Affinito di Lecce in collaborazione con l'associazione italiana ciechi, con un dittico fotografico presso l'ex fornace Gola di Milano e con la partecipazione ad alcune collettive organizzate dall'Associazione Circuiti dinamici di Milano ed una bi-personale intitolata Collezioni, oggetti d'incontro con una serie di piccole sculture e stampe fotografiche. A settembre ha vinto la pubblicazione della copertina di uno dei prossimi numeri della rivista Biancoscuroartmagazine, con l'opera fotografica intitolata Ibrido.

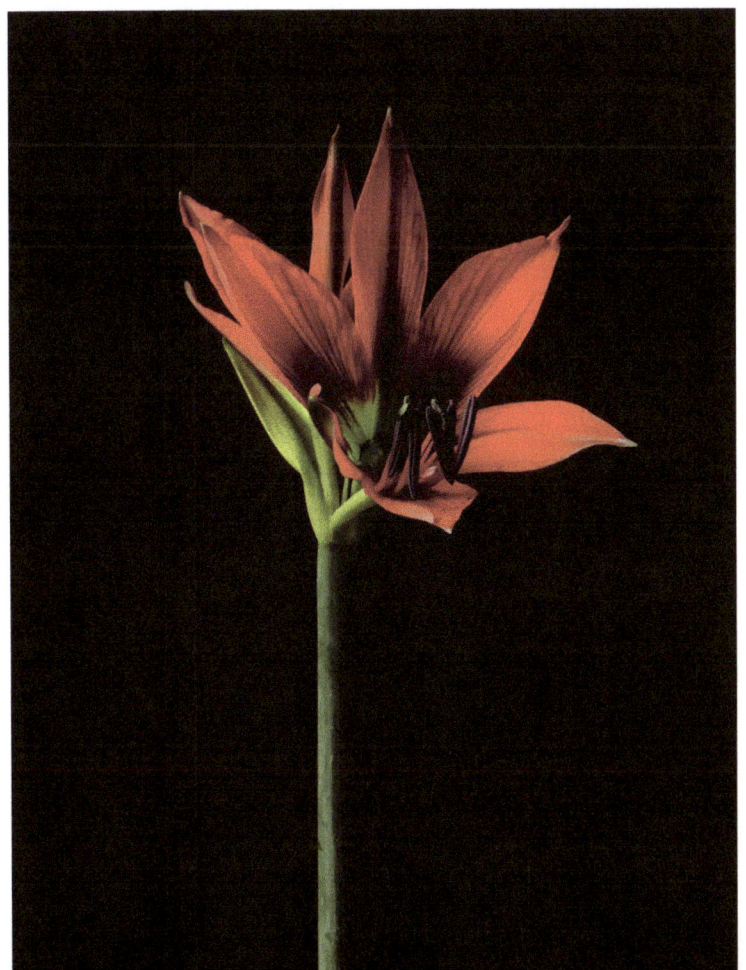

Oltre all'interesse prevalente per la fotografia, sperimenta le tecniche di incisione e
stampa e realizza microinstallazioni vegetali.

Simonetta quest'anno porta il tema: **Note Floreali**

Si tratta di un'indagine sul mondo vegetale ed in particolare sul mondo dei fiori e della loro rappresentazione, elegante, sublime e femminile. In questi scatti i fiori sono isolati dal contesto e diventano quasi figure umane di modelle da immortalare.

BARBARA 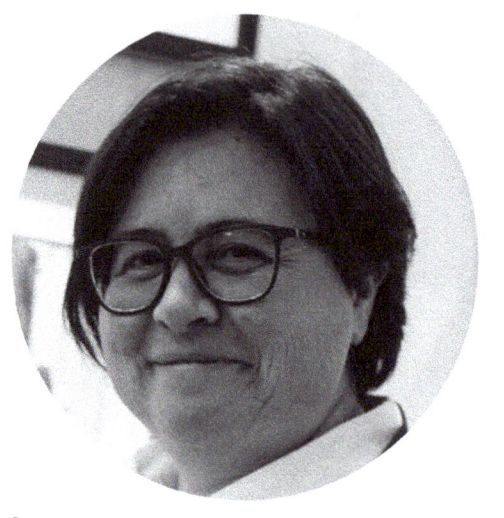 SANNA

La passione per la fotografia mi accompagna da sempre ma è dal 2015 che è rinata con "prepotenza" affiancata alla passione per i viaggi e a quella per la mia terra... la Sardegna!

Attraverso il mio obiettivo provo a raccontarne volti, tradizioni, usi, costumi, luoghi. La fotografia di reportage in questo mi aiuta.

Barbara Sanna porta il tema: **Attimi del Carnevale tradizionale in Sardegna.**

In Sardegna è giusto parlare di Carnevali.

Ogni zona, ogni paese ha una sua maschera. Ogni paese lo celebra secondo propri codici e particolarità. Riti antichi che si perdono nel tempo, legati alla tradizione agropastorale, alla natura, alla fertilità, al ciclo annuale della vegetazione che si rinnova continuamente e ai riti Dionisiaci di un passato molto lontano.

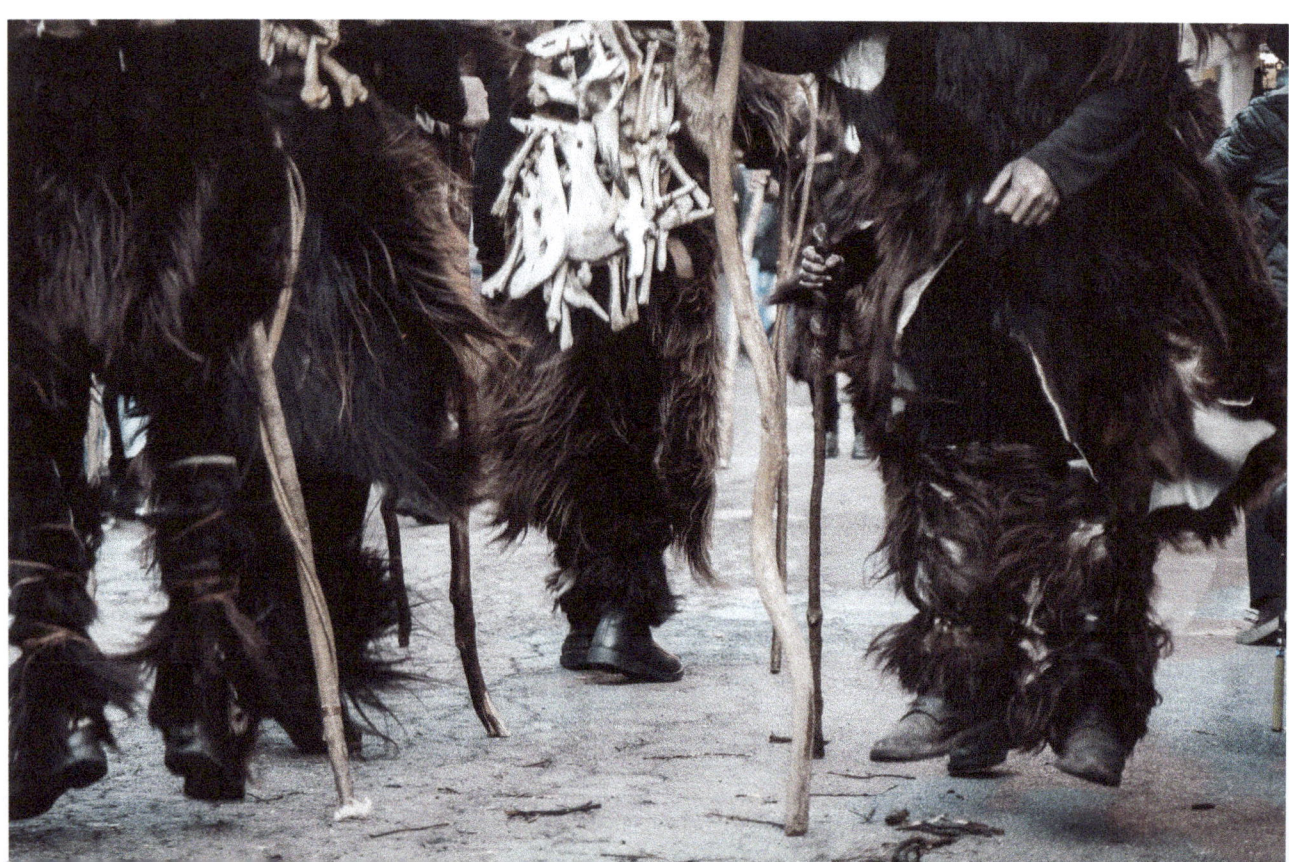

SARA 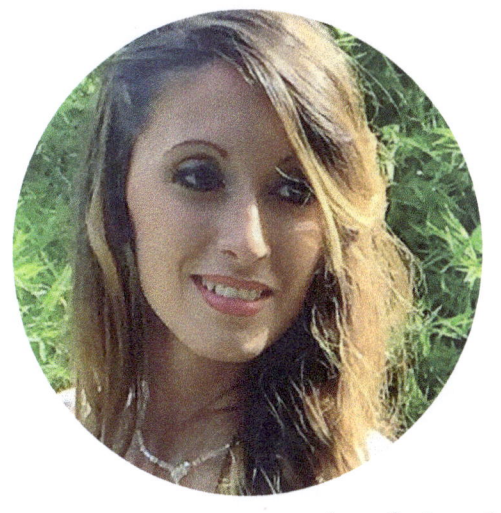 TESTA

Sono una Biologa di 35 anni e mi occupo di oftalmologia medica, dunque gli occhi sono al centro del mio mondo. Mi sono appassionata alla fotografia in età adulta ,ma posso dire di averne un istinto innato.

Camminando ,ogni volta che il mio sguardo si appoggia sul mondo ,io sto già scattando una foto, catturando un momento prima ancora di avere tra le mani la macchina fotografica.

Sarah porta il tema: **Dall'occhio alla fantasia.**

L'occhio umano è spesso condizionato da fattori esterni come la luce, ma anche dal modo in cui si sofferma su dettagli che variano per ciascuno, quasi come se avessimo anche un "occhio interiore". La fotografia è per me un insieme di questi due fattori. Proverò a mostrarvi "quei colori che nessuno nota ", gli aspetti differenti , passando dalla "realtà" all'"astrazione", poiché la "diversità" sia uno sguardo ben più ampio sul mondo! instagram: **ph_saratesta**

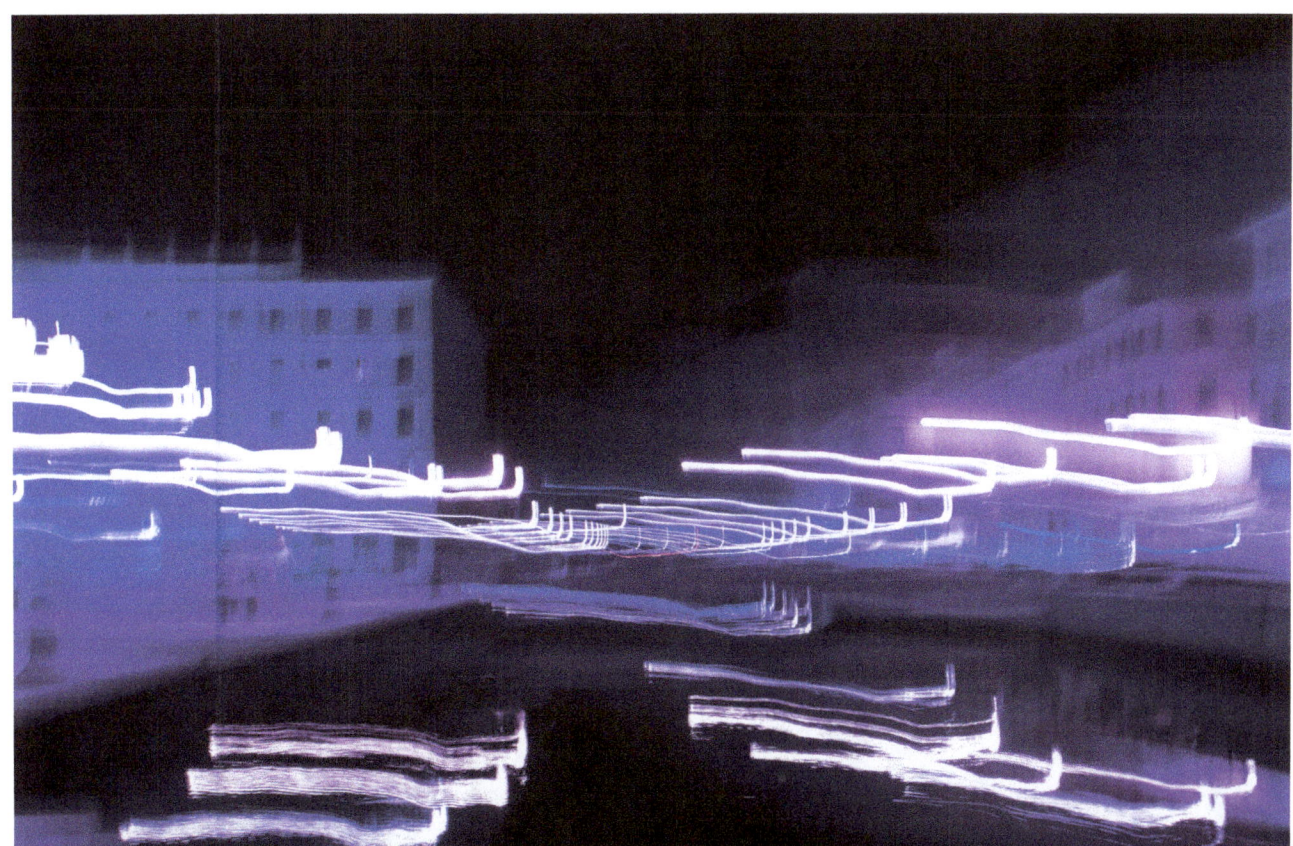

MARTINA 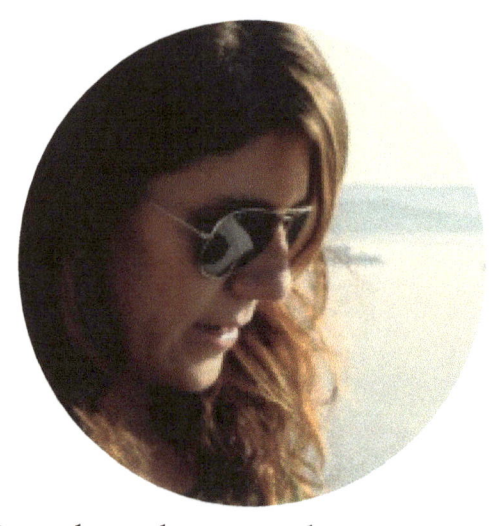 TROMBETTA

Martina Trombetta, @Caosphotodesign, classe 1988, fotografa e social media strategist. Il mio lavoro è raccontare le persone, i brand e i luoghi, mi occupo infatti di progettare la comunicazione online dei liberi professionisti e dei piccoli business, aiutandoli a valorizzare la propria immagine online.

Martina porta il tema: **Il Porto Fantasma.**

Un percorso alla scoperta degli angoli più nascosti del Porto Vecchio di Trieste, una zona per certi versi spettrale e immobile, dove il silenzio domina su ogni cosa, interrotto soltanto dai sibili del gelido vento invernale o dai versi dei gabbiani nelle calde giornate estive.
L'area del porto e dei magazzini circostanti viene raccontata attraverso alcune istantanee, che rappresentano la staticità di quel luogo un tempo così produttivo e brulicante di persone, diverso dagli altri porti del Mediterraneo e simile a quelli del Nord Europa.

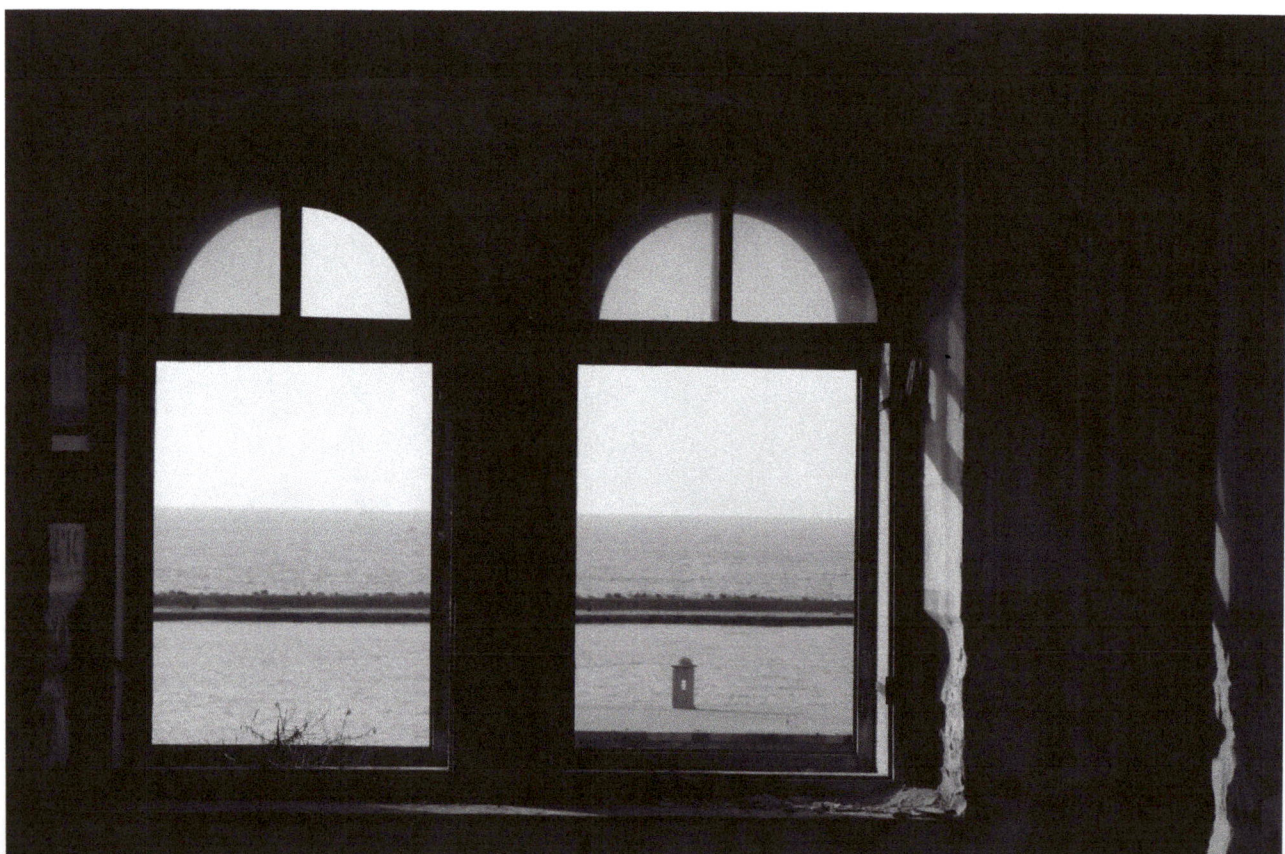

BETTINA 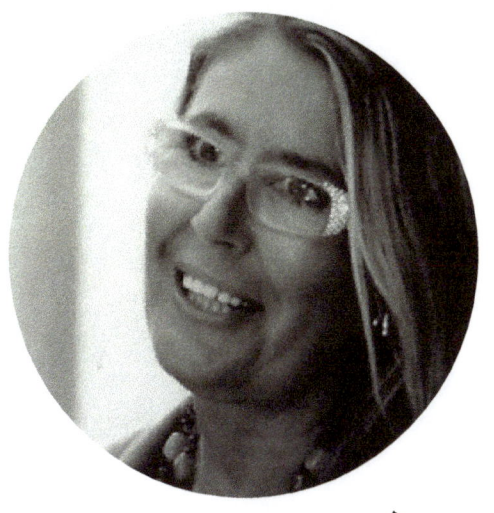 TODISCO

Bettina Todisco è nata a Udine e vive a Trieste. È fotografa per passione e viaggiatrice, quando il tempo lo consente. Laureata presso l'Università di Trieste si specializzata in informatica; successivamente approfondisce le tematiche della comunicazione, conseguendo il master di I livello in Analisi e gestione della comunicazione, indirizzo comunicazione pubblica e di impresa.

Giornalista pubblicista, collabora alle pagine culturali di quotidiani e periodici locali. Ama la letteratura, la scrittura, il cinema, il teatro, i viaggi e la fotografia. E proprio dalla fotografia che resta sin da bambina stregata, dedicandosi a essa nelle riunioni di famiglia prima e nei viaggi poi, rubando con i suoi scatti immagini di bambini, donne, uomini.

Martina porta il tema: **Emirates.**

Un viaggio nelle avveniristiche architetture di un futuro che è già realtà negli Emirati di Dubai e Abu Dhabi, con estensione ai sultanati del Qatar e Oman.

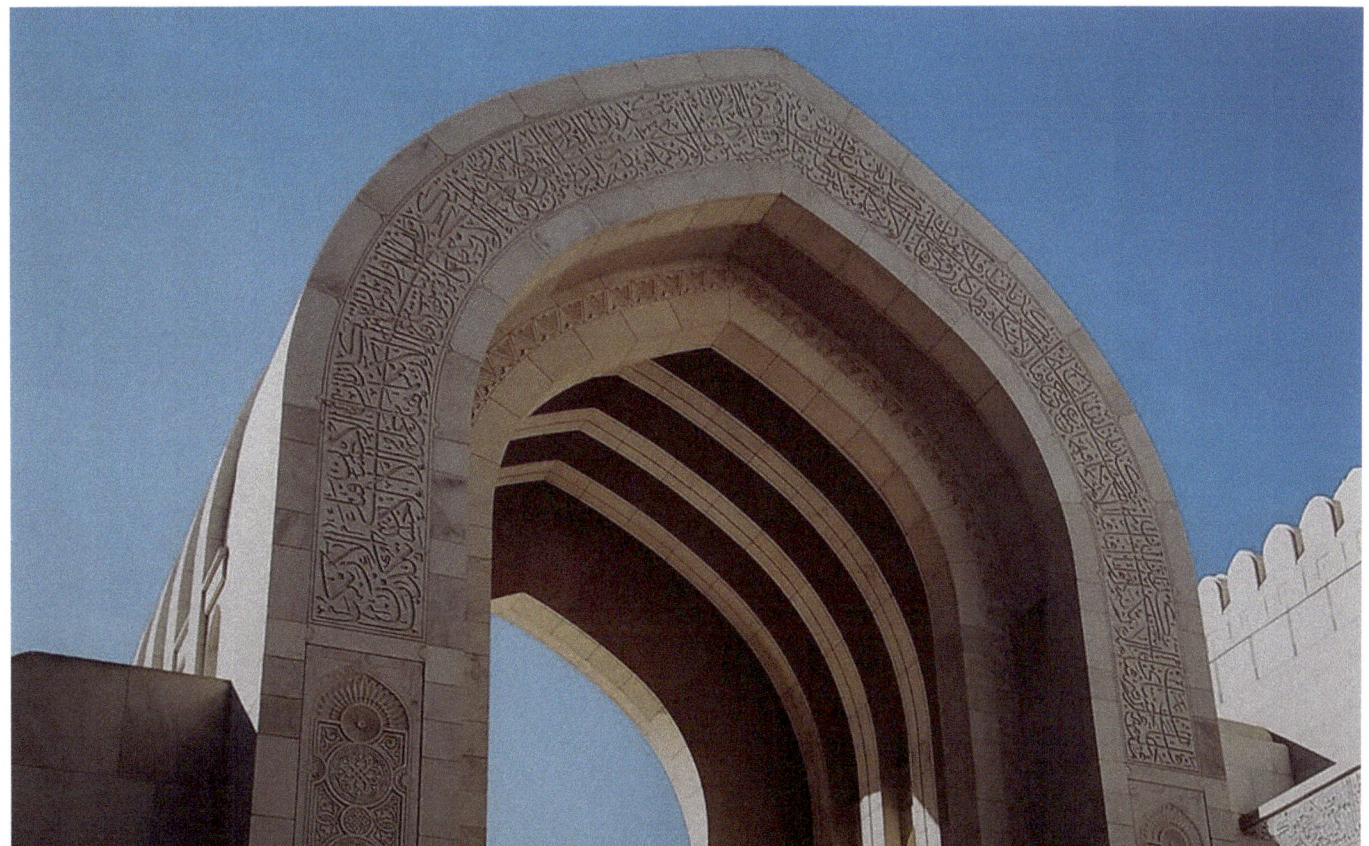

MASSIMO 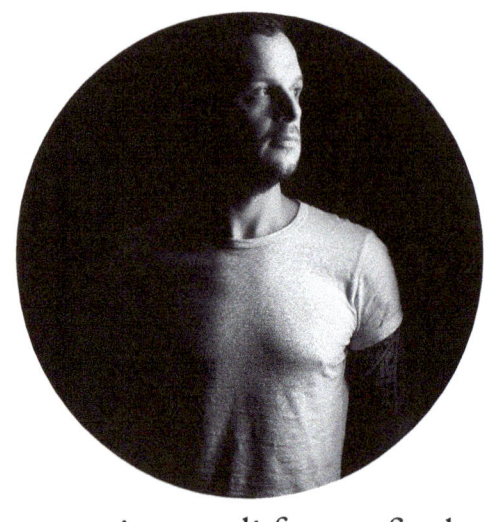 VAZZOLER

Sono **Massimo Vazzoler**, appassionato di fotografia da qualche anno, ho studiato da autodidatta. Viaggi e fotografia sono il mio perfetto connubio; la mia fedele Canon mi accompagna in giro per l'Europa e il mondo.

La mia seconda mostra vi porta in Portogallo, partendo da Lisbona, passando per Sintra, Cabo da Roca fino a Nazaré….. Strade, spiagge e punti di vista diversi.

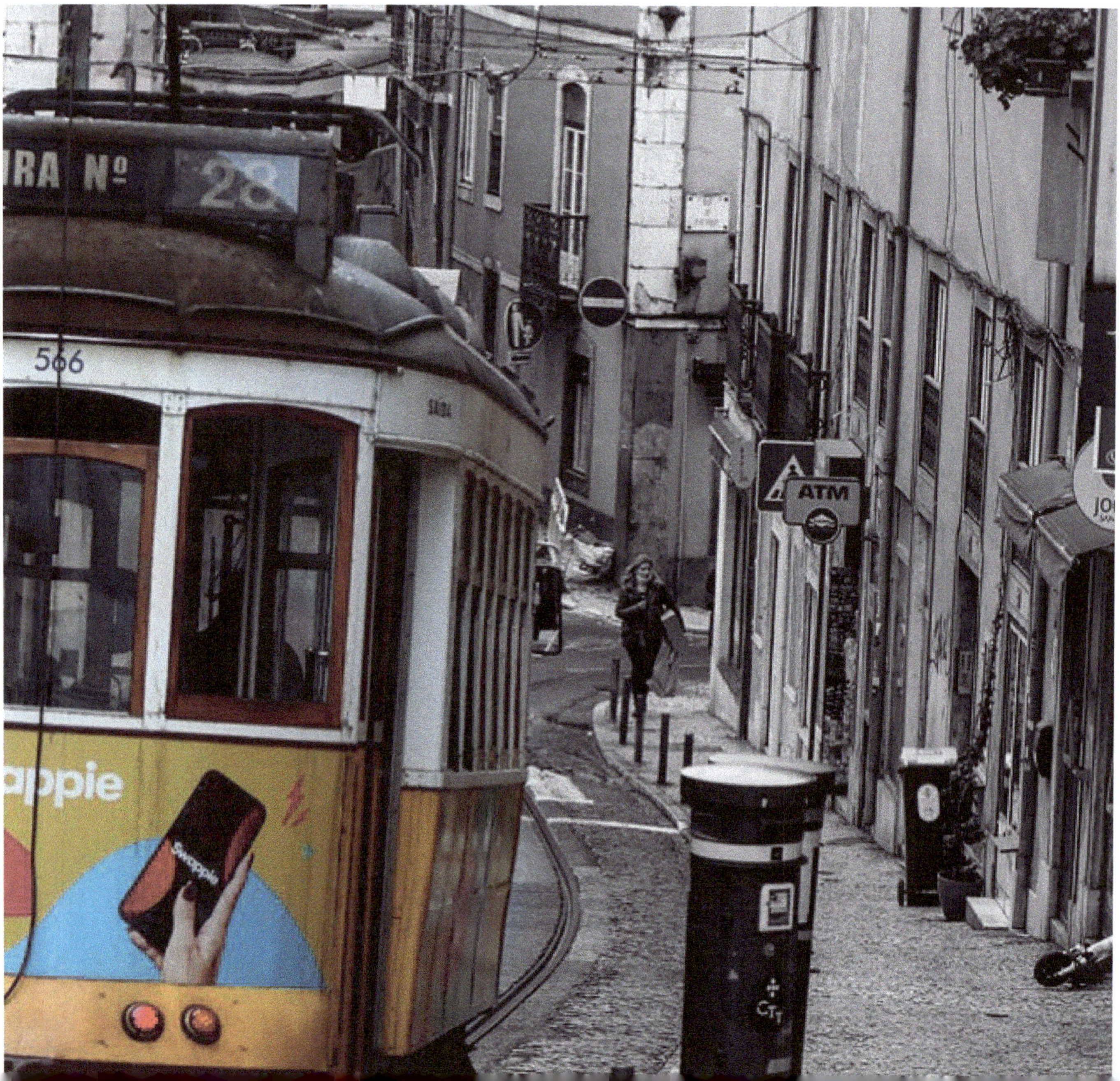

LUANA 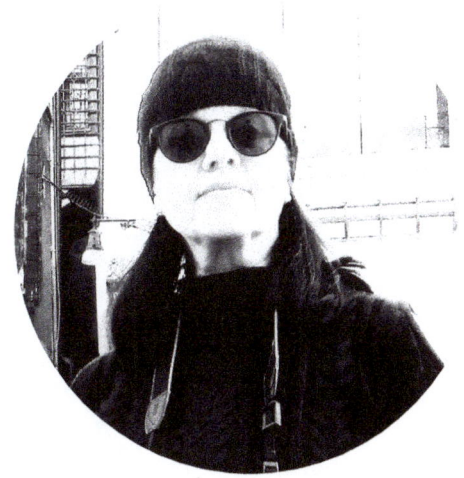 VALENTICH

Luana Valentich 1958 nata Trieste abita a Muggia. La passione per la fotografia, inizio tanti anni fa con l'analogico. "Riscopro questa passione con il digitale un altro mondo. Sono fotografa non professionista proprio per questo mi sento libera di fotografare ed approfondire quello che più amo la natura.
La fotografia naturalistica il racconto per immagini del mondo senza l'uomo, di una realtà che l'uomo moderno quasi contrappone alla propria, della vita nel suo e nei suoi ecosistemi naturali."

Luana porta il tema: **Il mio carso.**

Sono i colori e le forme che hanno accompagnato il cammino dell'uomo rivestendo nel tempo cariche simboliche e psicologiche che hanno influito sullo stato d'animo di generazioni di persone. Come i pittori anche i fotografi danno spessore e atmosfera a luoghi e cose, creando con uno scatto componenti di immaginari collettivi o intimamente personali.

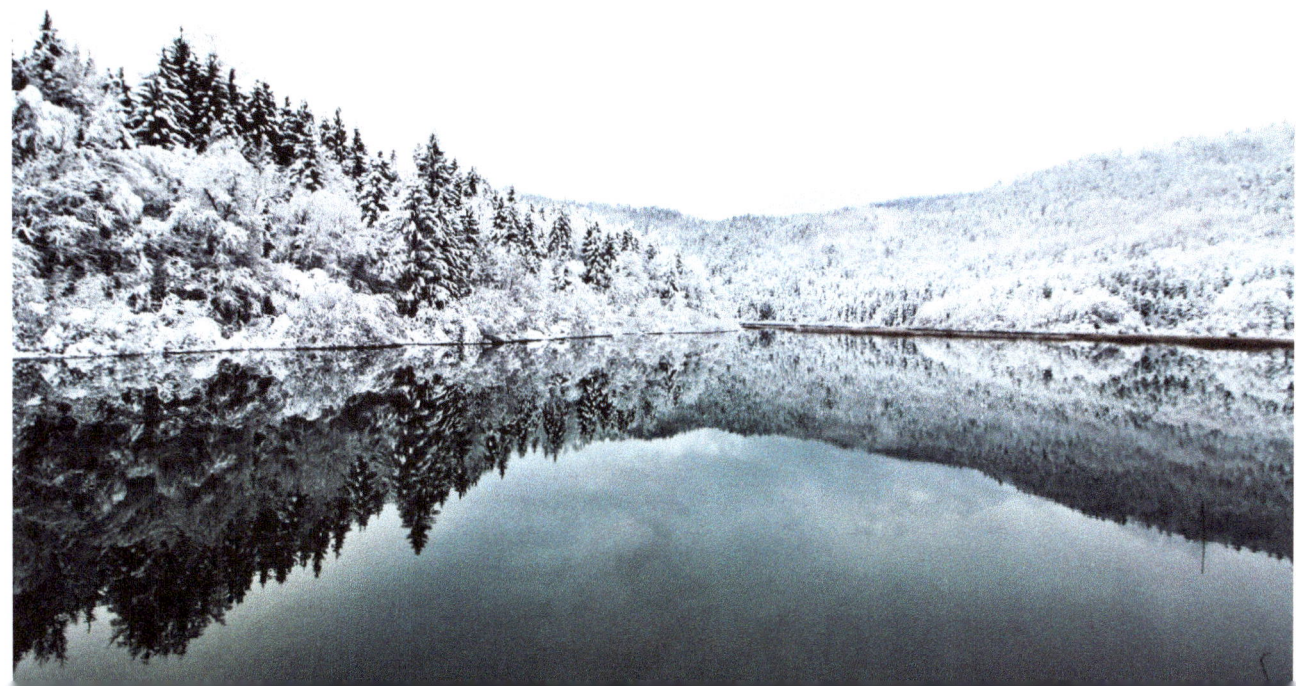

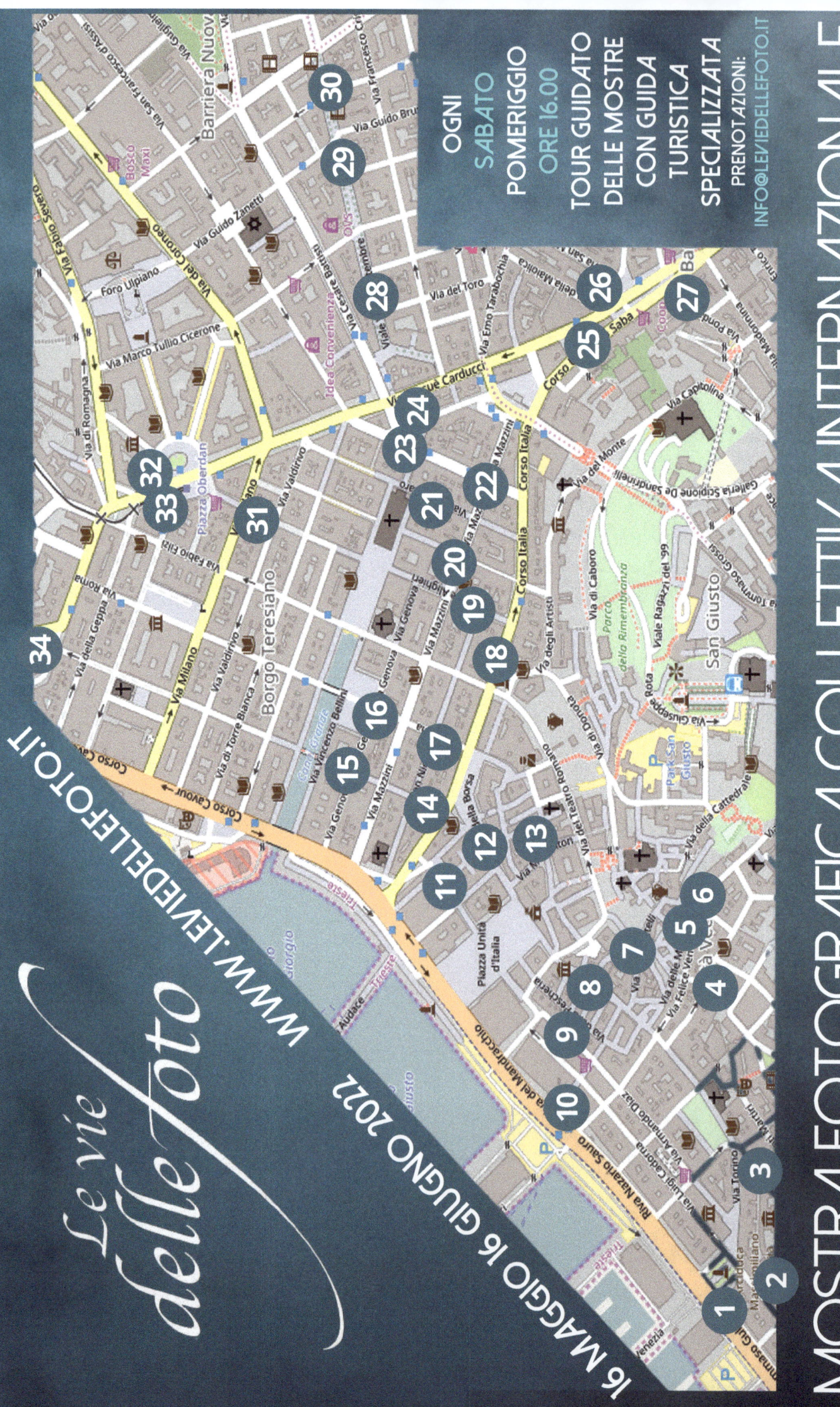

MOSTRA FOTOGRAFICA COLLETTIVA INTERNAZIONALE

NEI MIGLIORI LOCALI DI TRIESTE — PRIMA EDIZIONE

16 MAGGIO 16 GIUGNO 2022

WWW.LEVIEDELLEFOTO.IT

Le vie delle Foto

OGNI
SABATO
POMERIGGIO
ORE 16.00
TOUR GUIDATO
DELLE MOSTRE
CON GUIDA
TURISTICA
SPECIALIZZATA
PRENOTAZIONI:
INFO@LEVIEDELLEFOTO.IT

MOSTRA FOTOGRAFICA COLLETTIVA III ANNIVERSALE
NEI MIGLIORI LOCALI DI TRIESTE – DECIMA EDIZIONE

1
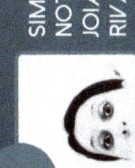
SIMONETTA ROSSETTI
NOTE FLOREALI
JOJA
RIVA TOMMASO GULLI, 4/A

2
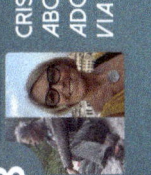
SARA TESTA
DALL'OCCHIO ALLA FANTASIA
BAR VECCHIA UNIVERSITÀ
LARGO PAPA GIOVANNI XXIII, 14B

3
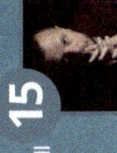
LABORATORIO
FOTOGRAFICO CREATIVO
MAL DEL LUPO
PIAZZA VENEZIA, 4

4
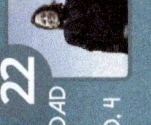
LUCA CAMELI
TRIESTE MON AMOUR
ANTICA TRATTORIA LE BARETTINE
VIA DEL BASTIONE, 3

5
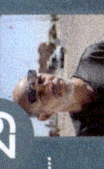
DINO POLIDORI
FORME NUDE GEOMETRIE DELL'ARCHITETTURA CONTEMPORANEA
BAR ARC'OR
PIAZZA DEL BARBACAN, 5

6
STEFANO CENTIS
IMMAGINI E BELLEZZA:
UN PORTALE PER LA TRASCENDENZA
ZUF
PIAZZA DEL BARBACAN, 2A

7
ALENA DEMCHYK
IL FOOD
AL PETES
VIA DEI CAPITELLI, 5/A

8
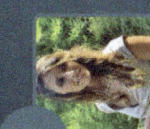
CRISTIANA & MAX RANCHI
ABOVE & UNDER
ADORO CAFÉ CAVANA
VIA DI CAVANA, 8

9
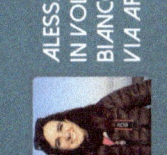
ALESSANDRA POLLINA
IN VOLO SUL DELTA DEL PO
BIANCOSPINO RISTORANTE
VIA ARMANDO DIAZ, 1

10
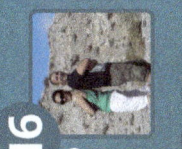
LAURA CIRMI
CAMERE SICILIANE
SAPORI
VIA ALBERTO BOCCARDI, 1

11
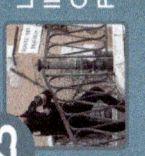
MARTINA TROMBETTA
IL PORTO FANTASMA
PICCOLO TERGESTEO
GALLERIA TERGESTEO

12
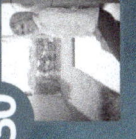
NEVIA GREGOROVICH
IL GIARDINO DELLE DELIZIE
TERGESTEO CITY
GALLERIA TERGESTEO

13
ERIKA MUSMECI
ALEXANDERPLATZ
CHIMERINA
VIA DEL PANE, 1

14
MARIO COPPOLA
ALI BLU
AMÒ
VIA CASSA DI RISPARMIO, 11B

15
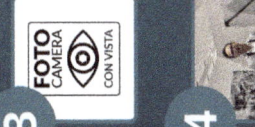
MASSIMO VAZZOLER
PORTOGALLO ON THE ROAD
BAR BUFFET BORSA
VIA CASSA DI RISPARMIO, 4

16
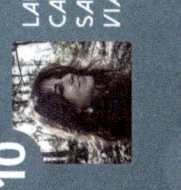
ALANGROBY PHOTOTRAVEL
LA MAGIA DI YELLOWSTONE
CAFÉ JAMES JOYCE
VIA ROMA, 14

17
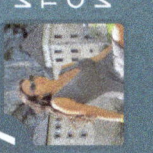
VALENTINA IRRERA
TOUR TRA I CASTELLI SLOVENI
CADENARO I
VIA ROMA, 8

18
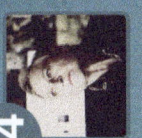
KAREV MARAGAITA
MAGIC WORLDS
BAR GALLERIA
GALLERIA ROSSONI

19

BETTINA TODISCO
EMIRATES
EPPINGER CAFFE'
VIA DANTE 2/A

20
LE RAGAZZE DI GIANNI
L'ARTE IN TAVOLA
DOUBLETREE BY HILTON TRIESTE
PIAZZA DELLA REPUBBLICA, 1

21
GERARDO OLIVERIO
IO + LV/DF = 9/10
LAB – LUNCH APERITIF BAR
VIA S. LAZZARO, 7

22
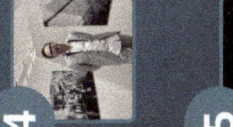
CLAUDIA COSTANTINO
UN COLPO DI CANNONE E...
BAR SAMOVAR
VIA IMBRIANI, 4

23
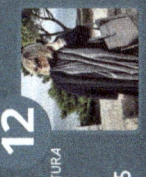
LUANA VALENTICH
IL MIO CARSO
CORTE CAFFE
PIAZZA SAN GIOVANNI, 5

24
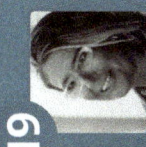
FIORELLA MACOR
FLORA
PUBLIC HOUSE CENTRAL
PIAZZA SAN GIOVANNI, 3C

25
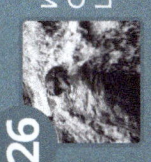
ELIANA INTRUGLIO
DONNA VAGABONDA IN VIAGGIO
LA MIA FOTOGRAFIA CHE RACCONTA IL MONDO
CAFFÈ UMBERTO SABA
CORSO UMBERTO SABA, 30

26
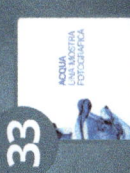
WORLD WATER DAY 2019
CAFFE' IMPERO
LGO DELLA BARRIERA, VC

27
SARA CORSINI
LOCKED AWAY – ASTRAZIONI DOMESTICHE IN
TEMPI DI RECLUSIONE ANTI-CONTAGIO
BOUNTY PUB
VIA PONDARES, 6

28
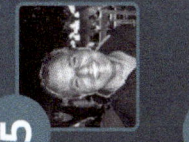
GRUPPO STREET AUSER 2019
STREET
PIPOLO – CITY
VIALE XX SETTEMBRE, 11/A

29
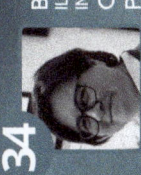
RICHARD SILVER
SLICED WORLD
BAR COSTA
VIALE XX SETTEMBRE, 24

30
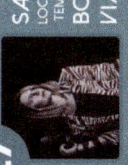
GRETA BELLUCCI
AZIENDE VENETE
AQVEDOTTO
VIALE XX SETTEMBRE, 37/C

31
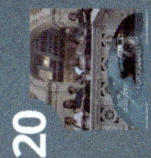
ANGELO MENNELLA
VENEZIA CARNALE
SBECOLEZ
VIA TRENTA OTTOBRE, 12/4

32
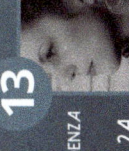
GSM – PHOTOGRAPHY
SENZA TEMA
HARRY'S BAR TRIESTE
VIA GIOSUÉ CARDUCCI, 2

33
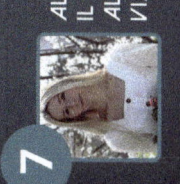
ASSOCIAZIONE INQUADRA
ACQUA
BIRRERIA FORST
VIA GIORGIO GALATTI, 11

34
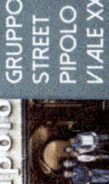
BARBARA GRAZIA SANNA
IL CARNEVALE TRADIZIONALE
IN SARDEGNA
CAFFÈ ALLA STAZIONE
PIAZZA DELLA LIBERTÀ, 3

OGNI SABATO POMERIGGIO
ORE 16.00 TOUR GUIDATO
DELLE MOSTRE CON GUIDA TURISTICA
SPECIALIZZATA
PRENOTAZIONI:
INFO@LEVIEDELLEFOTO.IT

www.ingramcontent.com/pod-product-compliance
Lightning Source LLC
Chambersburg PA
CBHW050145180526
45172CB00011B/1320